KB137698

죽고 싶지만 살고 싶어서

친족 성폭력 생존자들의 기록

죽고 싶지만 살고 싶어서

친족 성폭력 생존자들의 기록

장화

불가살이

김민지

정인

희망

최예원

엘브로떼

명아

푸른나비

평화

조제

글항아리

그리고 두렵다고 말하면
우리 말은 들리지도
환영받지도 못할 것이다
하지만 침묵한다면
우리는 여전히 두려울 테지
그러니 말하는 편이 낫다

— 오드리 로드, 「생존을 위한 탄원」

추천 서문

미투의 사각지대에서 일어나는 성폭력, 여성 사물화의 극단화

정희진 여성학 연구자, 『아주 친밀한 폭력』 저자

남성 문화에서 가정은 휴식의 공간으로 간주되지만 대다수 여성에게는 일터다. 한발 더 나아가 노동과 휴식 차원이 아니라, 집에서 잠을 잘 수 없는 이들이 있다. 가족 내부의 남성들에게 성폭력을 당할까봐, 편안히 잠을 청할 수 없는 친족 성폭력 피해자들이다.

나는 20여 년 전 가정폭력, 정확히는 아내에 대한 폭력을 주제로 석사 논문을 썼다. 5년 동안 수많은 여성을 인터뷰했는데, 아내 폭력과 친족 성폭력이 결합된 사례가 많았다. 남편이 아내와 자녀를 구타하고, 딸에게는 성폭력을 한다. 남자 형제들도 흔한 가해자다. 아내 폭력의 피해자인 여성은 그 상황을 방관하거나 딸을 학대한다. 지나칠 수 없을 만큼 많아서 나는 '유도 질문'을 했다. "혹시 남편이 따님에게……" 이 정도만 말해도 피해 여성들은 "그걸 어떻게 아셨어요?"라며 놀라워했다. 내 논문 주제는 성역할과 인권이었고, 친족 내 성폭력은 따로 다루어야 할 큰 주제였기에 다음으로 미루고 말았다. '사례들'은 논문에서 빠졌고, 나는 지금까지도 죄책감에서 자유롭지 못하다.

어느 사회에서나 성폭력 가해자의 80퍼센트는 아는 사람이고, 그중 30퍼센트 이상은 친족 성폭력이다. 즉 가족 내 성폭력은 통념과 달리 흔하게 발생하는 여성에 대한 폭력이다. 이렇게 빈발하는 폭력이면서, 이토록 비가시화되고 피해자의 목소리가 억압당하는 인간사가 있을까. 친족 성폭력 피해자를 가장 '미치게 하는' 상황은, 가족 구성원을 비롯해 피해자의 경험을 믿지 않는 사회다.

가정폭력은 미투의 사각지대다. 가정 내 성폭력은 더욱 그렇다. 이 폭력의 특징은 가족 구성원이 가해자이기 때문에 피해자가 보호받는 경우가 드물다는 사실이다. 어머니의 역할은 모성의 의미를 되묻는다. 모성은 어머니와 자녀의 관계가 아니라 여성과 남성의 권력관계임을 보여주는 정확한 사례가 아닐 수 없다.

한편, 친족 성폭력은 남성 문화의 본질, 즉 여성을 어디까지 사물화할 수 있는가를 보여준다. 이성애 가족 제도에서 "남성은 여성을 보호해야 한다"는 성역할 규범이 있다. 친족 성폭력은 바로 이 규범을 이용한, 구조가 허락한 폭력이다. 가해 남성은 딸을 '가족 구성원'이 아니라 '여성'으로 취급한다. 가부장제 사회에서 남성은 모든 인간을 여성female으로 환원시킬 수 있는 권력을 가지고 있다. 이것이 친족 성폭력이 비밀이어야 하는 이유다.

이 책은 친족 성폭력에 대한 가시화 및 보고가 그 자체로 사회운동이자 여성주의 지식 생산임을 보여준다. 필자들은 피해자이자 생존자다. 이들의 자기 경험을 기억하는 힘, 글을 쓰는 용기, 자신을 사랑하는 능력은 그 스스로뿐 아니라 세상을 바꿀 것이다. 이 책을 모델로 가족 내 성폭력에 관한 책이 최소한 100권은 나와야 한다.

나는 고통받는 이들의 호소에 '놀라는' 이들이 싫다. 인간 성숙함의 첫 번째 지표는 타인의 목소리를 듣는 수용력이다. '피해자'는 피해 그 자체로서 역할을 다한 이들이다. 나머지는 모두 사회의 몫이다. 피해 여성이 범죄를 증명하고 싸워야 할 의무는 없다. 문제는 이들의 목소리를 들을 수 있는 사회의 민주주의 역량이 얼마나 되는가이다.

추천 서문

죽고 싶은데 살고 싶어서, 광장을 여는 사람들

김혜정 한국성폭력상담소 소장

밑줄 치며 울다가, 저자들의 얼굴을 떠올리며 힘내다가, 책장을 덮고 꿈꾸게 했던 책이 드디어 나왔다. '가족 내 성폭력'은 이제 '인면수심' '몹쓸 짓'이라고 제목이 따라붙던, 거칠고 손쉽게 타자화되던 시절과 결별한다. 죽고 싶지만, 살고 싶은 삶의 환경, 관계, 그리고 시간에 대하여, 존엄함의 조건에 대하여 찬찬히 이야기 나누는 장이 열렸다.

친족 성폭력은 한국성폭력상담소 상담 통계에서 매년 15퍼센트의 비율을 차지한다. 아동 청소년 피해자 중에서는 30퍼센트가량 된다. 직장 내 성폭력 및 학교 내 성폭력과 다를 바 없는 하나의 유형임에도 친족 성폭력에 대해서는 유달리 처음 들어보는, 말도 안 되는, 경악스러운 일이라는 반응을 접할 때가 많다. 비민주적이고, 남성중심적이고, 정상성을 강조하고, 위계적 권력 구조로 움직이는 조직이라면 성폭력에 취약할 수밖에 없는데, 한국 사회에서 '가족' 제도, 문화, 규범은 위의 요소들을 벗어나고 거듭난 적이 아직 없다. 가족 내 폭력과 성폭력이 '에이 설마 없을 거야'라는 가정은 실제를 말하는 것이 아니라, 그런 일이 있다 해도 사소하게 조용히 넘어갔으면 좋겠다는 바람과 실천을 부추기는 가부장적 신념이기도 했다.

한국성폭력상담소에 친족 성폭력을 상담한 이들 중 55.2퍼센트가 처음 상담하기까지 10년이 걸렸다(2019년 통계). 그 10년은 어떤 시간일까. 흔히 말하는 성폭력에서의 침묵과 은폐는 피해자가 아무것도 하지 않고 무력하고 무심하게 흘려보낸 시간일까. 이 책에서 우리는 피해자가 자기 삶의 환경에서 무엇을 시도하며 살아왔는지 밑줄을 긋게 된다. 동생, 언니, 엄마에게 말하고, 그녀들이 겪을 뻔한 일을 멈추게 하고, 아빠와 오빠에게 말하고, 다른 폭력을 견디고, 혼자 있을 수 있는 밤길과 안전한 공간을 찾고, 일을 구하고, 일정 기간 기억을 봉쇄하거나, 왜 이런 일이 생겼는지 탐구하는 여정. 그 여정에 밑줄을 긋다 보면 우리는 어떤 사회적 제도와 안전망을 보완해야 하는지, 어느 길목을 바꿔야 할지 고민하게 된다.

저자들이 글을 쓰기 시작한 건 미투운동 이듬해다. 학교, 군대, 종교, 정치, 연극, 문학, 스포츠, 종교 등 사회 각 분야에서 성폭력이 어떻게 정당화되고 가해자는 어떤 방식으로 비호되는지, 피해자는 어떻게 고립되는지 그 특성들을 미투 말하기는 짚어냈다. 작은말하기라는 성폭력 피해자 자조모임과 인터넷 카페에서 서로 만나오던 친족 성폭력 생존자들은 2019년부터 집회에서 발언하고, 청와대 국민청원 서명운동을 열고, 일인시위를 조직하고, 시사주간지에 '오빠 미투'를 특집으로 싣고, 신문과 방송 라디오에서 인터뷰하고, 그리고 이 책을 썼다. 가족 내 성폭력을 놀라움의 대상, 소비하는 가십으로 삼는 게 아니라 "왜 그런 일이 일어나는지" 함께 질문하고, 피해자가 고민해온 분석을 공유하고, 사회적 책임과 대책을 촉구하는 의제로 만들기 위해서. 친족 성폭력 공소시효 폐지 운동도 그중 하나다.

저자들은 항상 서로 만나고 움직인다. 언론 인터뷰를 할 때도 원칙이 있는데 바로 '함께하기'다. 혼자 하지 않고 같이 가기. 떨리는 마음을 응원하고, 부당한 상황에서 서로 보호하고, 누구 한 사람의 '사연'만이 소모되지 않게 하기. 덕분에 '개인의 불운'으로 치부되어온 문제를 우리는 사회적 의제로 마주하고 있다. 그러니 독자들도 '함께' 읽는 행위로 화답하면 어떨까. 후기를 남기고, 공유하고, 책을 나누어 보기로. 죽고 싶은데 살고 싶은 저자들이 열고 있는, 다름 아닌 '광장'에서 연대해보기로.

추천 서문

큰 목소리로 이름을 불러본다

김영서, 『눈물도 빛을 만나면 반짝인다』 저자

그대들의 이름을 크게 불러주고 싶습니다!

장화, 친족 성폭력이 발생했던 가족이라도 사랑할 수 있음을 말해주어 고맙습니다. 친족 성폭력 피해를 겪은 분들 중 가족에 대한 다양한 감정들로 혼란스럽더라도 장화님의 글을 보고 좀 안심할 것 같아요.

불가살이, 당신이 기적의 산물이라고 자기 자신에게 말하는 모습이 참 보기 좋습니다. 이 책을 읽는 독자들이 자기 삶이 기적이었음을 깨닫게 될 것 같아요.

김민지, 공폐단단 일인시위를 굳건하게 지켜가며 사회에 온몸으로 질문하는 그대의 용기에 박수를 보냅니다. 할머니가 될 때까지 사회를 향해 질문하고, 또 질문하는 우리가 되어보아요.

정인, 경계를 세우고, 양치를 시작하고, 집을 벗어나 청소와 요리를 하고, 자신을 가꾸게 된 것, 자기 자신을 용서한 것, 그 모든 것을 스스로 해낸 것 대단합니다! 이 책을 읽는 분들이 각자 스스로 시작해야 할 것들이 무엇인지 힌트를 얻어갈 것 같아요.

희망, 엄마, 아빠, 남동생이 모두 침묵한다 해도, 희망의 목소리가 드디어 세상에 울렸네요. 그 침묵은 깨졌어요, 드디어! 그리고 이 책을 읽는 모든 사람이 그들의 침묵에 동조하지 않고, 희망님의 목소리에 주목할 거예요.

최예원, 자기만의 방식으로 삶을 살아낸 그대를 응원해요. 잠깐 만나 이야기 나눴지만 느낄 수 있었어요. 그대 안의 힘을, 그대 안의 사랑을. 각자의 방식으로 '삶'을 살아내자는 그대의 생동감 넘치는 목소리가 이 땅의 생존자들에게 울려 퍼질 거예요.

엘브로떼, 아빠를 카페로 불러내 사과를 받아낸 장면은 압권이었어요. 부럽기도 하고. 엘브로떼님의 용감한 행보를 생존자들이 보고 한번쯤 시도해보면 좋겠다 싶었어요. 앞으로 더 많이 나눠주세요, 엘브로떼님만의 치유 꿀팁, 가해자 대응 비법 같은 거요.

명아, 죽는 것보다 힘든 삶을 명아 자신에게 집중하며 정성을 들여 살기로 결심한 문장에서 눈물이 주르륵 흘렀어요. 죽기보다 힘든 삶을 살아가다 이 책을 만난 이들이 명아님의 글을 읽고, 정성 들여 삶을 다시 시작할 수 있을 것 같아요.

푸른나비, 어린 시절부터 오랜 시간 심한 폭력을 겪었음에도 타인의 아픔과 상처에 가슴 아파하며 청원을 하고, 매달 마지막 토요일 공폐단단의 일인시위를 주도하고, 연대하는 감각이 감동입니다. 트라우마 그 까짓것 대충 발로 차고 나가는 것 같은 단단함에 기운이 납니다. 앞으로의 일은 "우리가 함께 해요".

평화, 성폭력 생존자 자조모임에서 말하고, 무대에서 말하고, 기자에게, 벗들에게, 세상에게, 경찰에게, 검사에게, 판사에게, 그리고 자기 자신에게 끊임없이 말하기를 해온 끈기 정말 대단해요! 지치지 않고 목소리를 내면서 아무도 우리의 말하기를 막을 수 없다는 것을 삶으로 보여주셨어요.

조제, 그림으로 이야기를 들려주어 색다르고, 편했어요. 생존자들이 다양한 방법으로 자신의 이야기를 표현해보면 좋겠다 싶더라고요. 이제 악몽도 거의 꾸지 않고, 아침에 일어나 하루가 시작된 것에 자주 절망하지 않는다니 기뻐요. 정말이지 조제님의 삶은 '살아 있길 잘했어' 그 이상이에요!

그대들의 글을 읽으며, 놀라기도 하고, 아파하기도 하고, 눈물을 훔치기도 했는데 드디어 책으로 출판되어 더 많은 독자가 이 목소리를 들을 수 있어 참 다행입니다. 글 하나하나에 담긴 삶의 무게감이 고스란히 느껴져 아팠지만 결국은 살아내고, 글로 써내어 고통이기를 멈춘 삶의 이야기를 더 많은 이가 만나게 되기를 바랍니다. 그래서 앞으로는 우리와 같은 친족 성폭력 피해자들이 혼자 고군분투하지 않기를, 우리 사회가 그들의 고통의 시간을 끝내기 위해 각자의 자리에서 할 수 있는 역할들을 해주기를 기대합니다.

독자 여러분, 읽기 힘들더라도 천천히, 쉬엄쉬엄 끝까지 읽기를 권합니다. 마지막 장을 덮을 때면, 친족 성폭력은 '끔찍한 그들만의 일'이 아니라 우리가 함께 연대하고, 해결해야 하는 '평범한 우리의 문제'임을 알게 될 것입니다.

프롤로그

아무도 알고 싶어하지 않는 이야기

우리 친족 성폭력 생존자들은 당신과 함께 일상 속에 존재하며 평범하게 살아간다.

성에 대한 이야기는 삶 속에서 빠질 수가 없고, 폭력에 대한 이야기는 주변 어디서든 가십처럼 흘러 들어온다.

당신에겐 일상의 일부로, 평범하게 흘려 넘길 이야기들을 가지고 사는 우리는 이 책을 통해 아무도 알고 싶어하지 않았던 이야기들을 하려고 한다.

당신과 똑같은 하루를 보내고 있는 우리의 이야기를.

차례

1장

생존자의 글

장화

아직도 그 일에 대해 어떻게 말을 꺼내야 할지 망설여진다. 대부분의 시간 동안 내가 겪은 일을 정말 성폭력이라 할 수 있을지 나 자신을 검열하면서도, 내게 일어난 사건을 받아들이기 위해 애쓴다. 그 사건은 내 의지에 반하며, 순식간에 일어났고, 당시 나의 행동은 모두 나를 보호하기 위한 일이었다고 내 안에 있는 검열자에게 소리친다. 몇 번이고 성폭력의 정의를 찾아보고 나에게 있었던 일은 성폭력이라며 스스로 곱씹는다.

친족 성폭력 생존자가 오롯이 자기 목소리로 사건에 대해 언급할 장소는 존재하지 않는다. 다수의 사람이 내 경험을 불편하게 여기는 일은 내가 나를 '정상'이 아니라고 여기게 만들었다. 이런 일은 너무 강렬해서 내가 다른 어떤 일을 할 능력을 앗아갔다. 이 모든 게 트라우마로 인한 반응이란 것을 받아들이기까지 3년이란 시간이 걸렸다. 어느 날은 그 일이 아무것도 아닌 양 작게 다가오기도 하고, 다른 어떤 날은 꿈에서까지 괴로워한다. 일상 속에서 당시의 장면이나 내 감정이 불쑥 나타나 나를 괴롭힌다.

'아빠가 나를 만졌어. 오빠는 내가 꽃뱀이라며 비난했어. 내가 그 일을 성폭력이라 말하니 엄마는 죽어버리겠다고 했어. 그래서 내가 아무것도 못 하고 잘못했다고 말하게 만들었어.'

그런 순간은 나를 다시 그날, 그 순간으로 돌아가게 만들었다. 숨을 쉴 수 없고, 두려운 당시의 감각이 고스란히 느껴졌다. 그래서 그들이 내 모든 고통의 원인이며 날 죽이려고 하는 이들이라 생각하려고 노력했다. 그런 모든 일을 겪고 나서도 가족을 사랑한다 말하면 뒤따라오는 질문들에 스스로 답하기 어려웠기 때문이다.

'그 사람들은 너에게 가해자야. 널 괴롭게 만들었는데 어떻게 그들을 사랑하니?'

내 안에 사는 검열자는 또 나를 비난했다. 네가 지금 멍청하게 구는 거라고. 저 사람들은 언제든지 너를 버리고 손가락질할 사람들이라고. 넌 언제나 도망갈 준비를 하고 살아야 한다고.

글쎄, 지금은 딱히 그렇게 생각하지 않는다. 알고 있다. 가족들은 날 보호해주지 않았다. 가족들은 내가 모든 일의 원인이며, 유별나게 모나고 예민해서 아빠를 성폭력범으로 몰았다고 생각하게 만들었다. 그 사건은 나의 의지에 반하며, 순식간에 일어났고, 당시 나의 행동은 모두 나를 보호하기 위한 일이었다.

지금에 오기까지 치열하게 살아남았다. 그 일에 더 잘 대처했어야 했다고 나를 자책하는 순간도 있었고 사랑하는 엄마를 위해 그 일에 대해 아무 감정도 없으며 아빠의 장난에 지나지 않았다고 답하기도 했다. 너무 괴로워서 그 일이 실제가 아니길 바랐다. 몇 번이고 성폭력의 정의를 찾아봤고 나에게 있었던 일은 성폭력이 아니라고 생각하려 노력했다. 설사 성폭력이라 하더라도 그리 큰일이 아니며 대수롭지 않게 넘길 수 있다고 한동안 착각하기도 했다. 그럴수록 그 일은 나를 잡아먹는 것만 같았다. 한동안 내가 투명하고 흐릿한 무언가처럼 느껴졌다.

나를 향한 조롱과 피 말리는 멸시. 그 이후에 적선하듯 주는 사랑에 목을 매고 들러붙도록 오랜 시간 날 길들였다. 악을 쓰며 나오려 하면서도 이미 끝난 일이니 피해 사실에 대해 어떠한 감정도 드러내선 안 된다고 생각했다. 그런 생각을 할 즈음엔 이미 절박하기 이를 데 없었다. 가는 병원마다 성폭력 피해 사실을 밝혀야 했고 아직 받아들일 준비가 되지 않은 내게 그들은 신고를 권유하거나 집에서 벗어나라는 비현실적인 처방을 내리기도 했다. 나는 집이란 공간에서 벗어나지도 못한 채 계속 말라갔다.

상담소를 1년쯤 다니며 가족들의 생각을 바꿀 수 없고 내 감정이나 경험에 관해 이해를 바랄 필요도 없다는 것을 이론적으로나마 받아들이게 됐다. 그 사건도, 내 가족도, 내 감정도 모두 사실이지만 이젠 지난 일이다.

물론 인간이 참, 머리로는 알겠는데 몸이 반응하는 것을 바꾸는 게 어렵더라.

상담을 다니며 식사를 챙기고 제때 잠자는 법을 배우다보니 갓난

아기가 된 심정이었다. 상담 선생님이 지금 기분이 어떠냐고 물어보면 눈알 굴리며 쥐어짜냈다. 난 너무 많은 감정을 좋고 싫다는 말로만 표현했다. 먼저 말을 꺼내지 않으면 끝까지 기다리는 선생님의 침묵은 상담 이후에도 나를 앓게 만들었다. 부담스러운 금액에 무리해가며 전부 토해내려 애쓰다가 다음 상담을 가지 못하는 날도 있었다.

지금은 내 감정이 어떤 것인지 돌아볼 수 있게 체력을 기르고 있다. 아주 천천히 조금씩 힘이 났다. 중간에 고꾸라질 때도 있었지만 힘을 내어 밖으로 나가 사람을 찾았다. 그래서 인정할 수 있게 됐다. 나는 아직도 가족을 사랑한다. 그러면서 누구보다 증오하기도 한다. 이 두 감정이 공존한다는 사실을 인정하면 아주 조금 개운해진다. 가족들은 나를 보며 '아이 같다'거나 '이기적'이라고 말한다. 하지만 이 일을 숨기고 누구보다 착한 딸이었을 때도 그들은 나를 비난했다.

지금 난 나를 비난하는 생각에 맞서며, 나에게 가해한 상대를 붙잡고 '아니'라고 대응할 용기가 있다. 분명 그 사건이 나에게 큰 영향을 미쳤겠지만 내 인생이 끝난 것은 아니며 난 계속 살아가고 있다. 많은 일을 겪은 후 지금까지도 가족을 사랑하는 내가 잘못됐다고 여기지는 않는다. 그와 동시에 나는 내 가족들과 다르게 살기로 마음먹었고, 결심한 순간부터 내 인생은 충분히 달라졌다. 앞으로 그런 일이 반복된다면 난 다르게 받아들이고 나를 지킬 자신이 있으며 이 용기가 다른 누군가에게 또 전해질 거라 믿는다.

나는 이제 미래를 살아가고 싶다. 과거는 나를 끌어내릴 수 없다. 살아남은 우리는 누구보다 용감하다.

2장

무제

불가살이

2002년 5월은 우리나라의 월드컵 4강 진출로 온 국민이 환호에 젖어 있었다. 우리 가족 역시 ○○종합운동장에 모여 사람들과 함께 축구를 관람했고 한국의 승리라는 황홀감에 취해 아빠 차로 대한민국~ 경적을 울리며 귀가했다. 나는 자라서 국가대표가 되어 메달을 목에 걸고 전 세계에 애국가가 울려 퍼지게 하리라 다짐했다. 하나뿐인 남자 형제인 오빠와 배드민턴, 축구, 자전거, 농구 등 안 해본 운동 없이 어울려 했고, 친구들의 오빠들처럼 때리거나 괴롭히지도 않는 우리 오빠가 나는 참 좋았다. 새로운 학교로 전학을 가 친구가 없었던 나는 오빠에게 많이 의지했고 오빠를 잘 따랐다.

그런 오빠가 나를 베란다에 눕히고 평평한 내 가슴을 만지기 시작했다. 초여름의 베란다 바닥은 차가웠다. 평소 양말을 신고 다녀서 몰랐던 것일 수도 있고, 아니면 바닥에 눕혀진 뒤 윗옷이 벗겨져 살갗이 그대로 닿아 더 차가웠던 것일 수도 있다. 오빠는 그때 사춘기였고 학교의 친구들 무리 속에서 나를 보면 도망치고 모르는 척을 했다. 그런 오빠가 집에서 나랑 놀아준다고 하자 난 하자는 대로 따랐다. 오빠는 점점 상체에서 하체 그러니까 성기도 만지기 시작했다. 어릴 때부터 “보지는 만지면 엄마한테 꼭 말해야 해! 여기 만지는 사람은 나쁜 사람이야”라고 한 엄마의 말이 떠올랐고 그때부터 이 상황은 뭔가 잘못되었다는 생각이 들었다.

모두가 곤히 잠든 새벽에 나는 깨어 있었다. 이 일이 내 잘못인 것 같아 어떻게 되돌려야 할지 계속 고민되었다. 더 어린 날의 기억이 떠올랐다. 일곱 살의 나는 거실에서 혼자 놀기 싫어 학습지를 풀고 있던 오빠의 방문을 열었는데 오빠가 연필 캡에 달린 병아리 모양의 꼭대기 부분을 자기 고추에 넣었다 뺐다 하는 모습을 보여줬다. 남자의 성기를 처음 보고 너무 놀랐지만 이 행위는 별것 아니라는 식의 '놀이'로 치부되었다. 오빠는 그 뒤로도 나에게 자신의 커가는 고추를 보여주었다.

감의 씨를 물어 반을 쪼개면 나오는 흰색 수저 모양이 신기해 감을 좋아하게 되었다. 어느 날 내가 보고 맡은 오빠의 정액 냄새가 감의 씨 냄새 같아 엄청난 충격으로 다가왔고 나는 더 이상 감을 먹기가 싫어졌다. 겨울에 엄마가 사온 감을 거들떠보지 않고 TV에 집중하는 나를 엄마는 의아해했는데, "오빠 고추 냄새가 난단 말이야"라는 말과 함께 얼버무렸다.

오빠는 중학생이 되었고 이사 온 새집에선 오빠가 변하리라 기대하며 나의 초등학교 4학년 새 학기가 시작되었다. 하지만 엄마의 출근으로 집이 오후 6시까지 비자 오빠는 더욱 대담하게 나를 건드렸다. 설거지를 하고 있으면 뒤에 와서 자기 고추를 비비적거린다든지 목덜미의 냄새를 맡고 갔고 항상 그 끝은 휴지에 닦인 정액으로 맺어졌다. 케

이블이 설치되지 않아 지상파 방송만 나오는 우리 집 TV가 난 무서웠다. 뉴스, 「그것이 알고 싶다」 등에서 다뤄지는 성폭행, 성추행, 낙태를 보고 엄마는 크게 화를 냈고 나는 그대로 얼음처럼 굳어져 숨을 쉬기 어려웠다. 들숨만 반복해서 쉬고 물속에 있는 것 같은 답답함에 울며 괴로워했다. 엄마는 심폐 기능의 문제라고 여겨 나를 병원에 데려가 엑스레이까지 찍게 했으나 그것이 과호흡, 공황장애임을 알게 된 것은 성인이 되고 나서였다.

중학생이 된 나는 브래지어를 착용하게 되었고 오빠는 힘주어 상의와 브래지어를 함께 올려 가슴을 빨았다. 오빠의 고추는 이제 입안에 넣을 수 없을 만큼 커졌고 힘에 부친 내가 실수로 불알을 건드리자 다음에도 빨아달라며 오늘 정말 최고라는 칭찬 아닌 칭찬까지 들었다. 진로를 택해야 하는 기로에 서서 어려움을 겪던 나는 편안하게 쉬어야 할 집에서 너무나 큰 고통을 겪었다.

공부만 하던 오빠는 갑자기 예체능을 하겠다고 해 엄마와 매일같이 싸웠고 결국 오빠는 예술대학에 입학했다. 한편 오랜 꿈이었던 국가대표가 되기 위해 체대에 가겠다는 내 뜻을 엄마는 필사적으로 반대했다. 오빠에게 들어가는 예술대 학비도 부담이었고, 체대 준비가 뒤늦어 끝이 좋지 않을 것이라는 생각에서였다.

그동안 집안의 평화를 위해 모든 걸 감수했다고 생각한 나는 꿈 앞에서 좌절되자 스트레스를 심하게 받았고, 운동을 하거나 카메라로 사진을 찍는 것으로 그걸 해소하다보니 공부는 당연히 뒷전이었다. 바닥 친 성적에 화가 난 엄마는 집 안의 카메라를 모두 부쉈고, 모든 게 무너졌다는 생각이 들자 나는 10년간 참아왔던 오빠와의 일을 엄마에게 말했다.

긴 침묵 끝에 내놓은 엄마의 답변은 정말 최악이었다.

"그래도 가족인데 어떻게 하겠니?"

여기서 나는 또다시 합리화의 굴레에 스스로를 얽어넣었다. 엄마도 엄마가 처음이라, 너무 힘든 상황이라 저런 말도 안 되는 헛소리를 하는 것이라고. 그렇게 나는 다시 침묵했다.

수도권에서 내가 갈 수 있는 대학은 물 건너간 지 오래였다. 상담은 끝났으나 계속 연락하고 지내온 선생님 덕분에 내 성향에 맞는 과를 선택해 지방 전문대에 진학했고 나는 만족했다. 하지만 누가 어느 대학을 다니는지 물어보면 매번 화젯거리를 돌리는 엄마에게 나는 불명예스러운 딸일 뿐이었다. 나는 매 학기 4점대의 학점을 기록하며 장학금을 받고 졸업했다. 자식 근황을 물어보는 오지랖 넓은 부모님의 친구들 덕분에 나는 서둘러 취업을 했다.

직장인이 된 어느 추석, 가족들과 모여 TV를 보던 중 엄마는 "우리 딸 이제 취직도 했으니 저렇게 좋은 남자 만나 연애도 하고 그래야 할 텐데. 애가 워낙 연애에 관심이 없어"라는 말을 했고, 이때 감춰져 있던 분노가 다시 고개를 내밀었다. 오빠가 나한테 벌인 일은 더 이상 없었던 게 돼버린 것인지, 나는 너무 화가 나고 어이가 없었다.

난 엄마에게 다시 한번 힘든 기억을 꺼내놓으면서 '절대 낫지 않을 상처이니 남자 얘기나 연애 얘기는 하지 않아줬으면 좋겠다'고 말했다. 하지만 엄마의 고집스러운 '평화롭고 단란한 가정'을 위해 나는 또 침묵을 강요당했다.

한창 힘들어하던 때 나의 과거에 대신 분노하고 아파했으며, 내가 더 이상 그 집에 있지 않게 자신의 집까지 내어준 정말 멋진 친구를 만났다. 그녀 덕분에 나는 친족 성폭력 피해 생존자의 글을 읽게 되었고 용기를 내게 되었다. 과거의 나를 질책하며 그것을 거부하지 못한 건 나의 책임이라는 어리석은 생각을 더는 하지 않게 되었다. 또 그동안 '평화를 지킨다'는 이유로 참아왔던 것들을 참지 않아도 된다는 것을 알게 되었다. 처음 그녀에게 내 과거를 꺼냈을 때 네가 지금까지 살아 있는 게 기적이고 그 누구보다 강한 사람이라는 얘기를 듣고 한참을 울었다. 수십 년을 함께 살아온 가족에게도 듣지 못한 말을 해준 그녀가 너무나 고마웠다.

나의 성장기를 지켜보고 공감해준 상담사 선생님, 그리고 평생을 함께할 동반자가 된 나의 그녀에게 감사하고 같은 아픔을 지닌 또 다른 생존자에게 말하고 싶다. 우린 기적의 산물이라고.

3장

그때 난 일곱 살이었다

김민지

내가 처음으로 성폭력 피해를 겪은 것은 일곱 살 때다. 가해자는 사촌 오빠였다. 너무나 강렬하게 뇌리에 박힌 탓인지, 내 일곱 살 때 기억은 오직 그것뿐이다.

지금도 그렇지만 나의 친가는 제사를 참 많이 지냈다. 그날도 누군지 모르는 조상의 제삿날이었다. 제사는 남영동에 있는 작은할머니 댁에서 지냈다. 나는 항상 그곳에 가면 집 옆 주차장에 있는 비스듬한 대각선 모양의 환풍구를 미끄럼틀 타듯 하며 놀았다. 일곱 살의 어린 아이가 늦은 밤 제사가 끝나기를 기다리며 즐길 수 있는 놀이란 그것뿐이었다.

그때까지만 해도 나는 사촌 오빠를 좋아했다. 당시 중학생이던 오빠에게는 누나가 있었다. 사촌 언니는 나와 열 살 이상 차이가 났다. 언니는 항상 나를 예뻐해주었다. 나도 그런 언니를 잘 따르곤 했는데, 언니를 자주 보기는 힘들었다. 이날도 언니는 오지 않았다. 사촌 오빠는 언니와 달리 제사가 있을 때마다 얼굴을 비추곤 했다. 오빠는 나와 내 남동생과 자주 놀아주었다. 그런데 가끔 둘이 같은 남자랍시고 편을 먹고 나를 놀리며 따돌리기도 했다. 그럴 때마다 나는 둘 사이에 끼고 싶어 안달 났던 기억이 난다.

그날 나는 현관 입구에서 단 두 걸음만 걸으면 닿는 안방에서 뉴스를 보고 있었다. 때는 저녁이었고 뉴스에서는 젊은 여성 앵커가 뭐라 뭐라 말하고 있었다. TV에서 눈을 떼지 않고 있는데 갑자기 문이 벌컥 열리며 한 사람이 들어왔다. 사촌 오빠였다. 오빠는 내 뒤에 바싹 붙어 앉았다. 갑자기 몸이 굳었고 기분이 이상했다. 순간 갈 곳 없는 내 눈동자는 TV 안의 여성 앵커의 얼굴에만 초점을 맞출 뿐이었다. 오빠가 말했다.

"민지야, 네 잠지 만져도 돼? 만지게 해주면 놀아줄게."

순간 내 머릿속은 정지 상태가 되었고, 이루 말할 수 없는 불쾌한 감정과 불안이 내 몸을 휘감았다. 나는 싫다고 대답했다. 오빠는 거부하는 내게 '놀아주겠다'는 말로 회유하며 날 타일렀다. 나는 계속 싫다고 했다. 부모님이나 다른 어른들에게 이런 장면을 들키면 크게 혼날 게 분명하다는 생각이 들면서 "엄마 아빠가 알면 혼나"라고 대답했다. 오빠는 계속 나에게 괜찮다고 하면서, 아무한테도 말하지 않으면 된다고 말했다. 내가 "안 되는데……"라고 말을 내뱉은 순간, 오빠는 강제로 내 팬티에 손을 넣고 내 성기를 주물럭댔다.

기분이 이상했다. 싫고 불쾌했다. 자연스레 얼굴이 찡그러졌다. 몸에 느껴지는 감각들도 이상했다. 형용할 수 없는 느낌이었다. 불안과 공포가 내 몸을 휘감았고 동시에 성기에 간질간질한 느낌이 들었다. 처음으로 타인이 기습적으로, 강제로 내 성기를 만진 경험은 나에게 불쾌함과 더불어 두려움을 안겼다. 나는 말 그대로 '부동不動' 상태였다. 몸은 움직일 생각을 안 하는데 머릿속에서는 어떻게든 벗어나고 싶은 생각이 간절했다.

"오빠 것도 만져봐."

몸을 굽혀 싫은 티를 내자 오빠가 이번에는 내 손을 잡고서 강제로 자신의 팬티에 집어넣고 내 손 위에 자신의 손을 겹쳐 자신의 성기를 주물럭대기 시작했다. 손을 빼내려고 했지만 일곱 살짜리 아이의 힘은 중학생 남자아이의 힘에 맞서기에는 역부족이었다.

"오빠, 하지 마."

몇 번이고 마음속으로, 입 밖으로 얘기했을까. 오빠는 결국 오줌을 질질 쌌다. 내 손이 오빠의 오줌으로 범벅되었고 바닥 또한 오줌으로 흥건했다. 오빠는 바지 밖으로 시커먼 성기를 내놓고는 나에게 손을 씻고 오라고 했다.

나는 후다닥 화장실에 가서 손을 씻었다. 기분이 이상했다. 오줌을 싼 오빠가 웃기기도 해서 나는 웃었다. 거울에 비친 나는 분명 웃고 있는데 얼굴은 일그러져 있었다.

오빠는 나랑 놀아주겠다고 말했던 것과 달리 그날 이후 나를 무시하기 시작했다. 나는 계속 "오빠, 오빠!" 하며 가까이 다가가려 했지만 오빠는 나를 피했다. 그때는 오빠가 왜 나를 멀리하는지 이해할 수 없었지만 지금 돌이켜보면 적어도 일말의 죄책감은 들었기에 그러지 않았을까 싶다. 그렇게 오빠와 나의 관계는 소원해졌다. 우리는 멀어졌고, 제사 때마다 만났으나 서로 알은체를 하지도 않았다. 나는 오빠를 볼 때마다 얼떨떨했다. 오빠가 차가운 눈길로 날 쳐다보고 지나칠 때마다 마치 내가 뭔가 잘못한 사람 같았다. 후에 우리 가족은 중국으로 이민을 가게 되었고 나는 '여자'라서 제사에 참여하지 않아도 되었기에 사촌 오빠를 마주칠 일은 별로 없었다.

나는 그 사건 이후로 잠들기 전에 늘 성기에 가려움증을 느꼈다. 가려워서 잠을 잘 수가 없었다. 가려워서 미쳐버릴 것 같았다. 그래서 긁기도 하고 꼬집기도 하고 때리기도 했다. 책상 모서리에 세게 박아보기도 했다. 통증이 느껴져야 잠들 수 있었다. 꼬집고 때리는 것으로도 가려움이 멈추지 않을 때는 팬티 속에 얼음을 넣었다. 얼음을 넣어 감각이 마비될 때까지 대고 있었다. 얼음이 다 녹으면 얼얼한 감각으로 인해 가려움이 느껴지지 않아 자주 이용했던 방법이다. 혹은 젤 파스를 바르기도 했다. 젤 파스를 바르면 따갑고 시원한 느낌이 들었지만 얼음이 가장 효과적이었던 것 같다. 아예 감각을 없애버리니까, 느끼지 못하게 하니까.

그러다 난 자위를 배웠다. 성기가 가려워 여느 날처럼 긁고 있었다. 성기의 돌기같이 툭 튀어나온 부위를 건드렸을 때 저릿하면서 기분이 좋았다. 그렇게 가려움을 해소할 수 있는 방법은 자위로 대체되었다.

이번엔 반대로 가려움이 느껴질 때마다 자위를 하게 된 것이다. 문지르기를 반복하니 생각이 멈추는 동시에 온몸에 전율이 흘렀다. 오르가슴을 배우고 난 후 그 행위를 지속적으로 반복했다. 심지어 항문에 샤워기 헤드를 대고 배가 터질 것 같을 때까지 물을 틀어 배 속에 있는 것들을 물과 함께 다 배출해내며 흥분을 느끼기도 했다.

인터넷이 한창 발달하기 시작했을 때, 내가 좋아하는 만화 홈페이지에서 야한 소설을 처음 접하고 난 후(당시 어린아이들이 좋아하던 만화 홈페이지 자유게시판에는 다음과 같은 글들이 성행했다. 이 글을 24시간 내에 다른 곳에 올리지 않을 시 가족들이 다 죽을 것이라는 사족이 달려 있었다) 나는 더 자극적인 것들을 찾았다. 자극적일수록 더 좋았다. 이제는 야한 만화, 야한 동영상을 보면서 자위하기 시작했다. 하나가 질리면 새롭고 더 센 자극제를 찾았다.

그러다 우연히 여성이 강간당하는 내용의 성인물을 보게 됐는데, 여태껏 느껴본 흥분 중 가장 큰 흥분이 일었다. 그때부터 이런 내용의 성인물을 탐닉하기 시작했다.

그런데 영상 속 그녀들이 당한 건 내가 당한 것과 다를 바 없었다. 실제 20대 초반에 강간을 당한 후, 나는 내가 왜 그렇게 당했는지 도저히 이해할 수 없었다. 그것은 가장 큰 죄책감 중 하나였다. 내가 자위행위를 했고, 심지어 누군가 강제로 성폭행 당하는 것을 보고 흥분

했었다는 말을 아무한테도 할 수가 없었다.

'어떻게 몇 차례의 성추행과 강간을 당한 내가 다른 사람이 강간당하는 장면을 보고 흥분하면서 자위할 수 있지?'

그런 나 자신이 역겨웠다. 더러웠다. 나는 강간을 당해도 쌌다는 생각이 들었다. 그런데 다른 생존자들에게 이런 내용을 털어놨을 때 자기도 그랬다는 이들이 있었다. 화가 났다. 나는 왜 그랬을까? 우리는 왜 그랬을까?

사촌 오빠의 성추행 사건을 누군가에게 처음 이야기해본 건 중학생 때였다. 그때 웃으며 친구들에게 그런 일이 있었다고 털어놓았다. 친구들은 왜 그런 이야기를 웃으면서 하냐고 되물었다. 나는 왜 웃으며 말했을까? 지금 떠올려보면 그때까지도 내가 당한 것이 성폭력 범죄라는 것을 잘 인지하지 못했던 것 같다. 사촌 오빠의 '나쁜 잘못'이라는 것은 분명했지만 동시에 '비밀스럽고 야한' 것이었다.

어렸을 적 샤워할 때마다 자꾸 한 장면이 떠올랐다. 사촌 오빠가 내 성기를 만지던, 바로 그 장면이. 도리질해도 그 장면은 계속 날 따라다녔고 몸에서 어떤 이질감이 느껴졌다. 그 장면이 떠오르면서 다른 이미지도 동시에 떠올랐는데, 바로 가족사진이었다. 거기엔 아빠와 엄마, 남동생만 있고 나는 없었다. 사진은 가까웠다가 점점 멀어졌다. 그리고 사촌 오빠가 나를 만지던 장면을 보는 사람은 3인칭 시점의 나였다. 장면은 마치 방 천장 한편에 달아놨던 CCTV를 다시 돌려 보는 것 같았다. 추행을 당할 때 나는 뒤돌아본 적이 없었고 뉴스에 나오는 여자 앵커만 쳐다보고 있었는데 희한하게도 나를 만지는 오빠와 추행을 당하는 내가 보인다.

그렇게 소수의 친구를 제외하고 아무에게도 말하지 않으며 숨겨왔던 경험을 고등학교 1학년 때 엄마에게 털어놨다. 이유는 모르겠다. 어느 날 갑자기 그런 일이 있었다고 말했다. 엄마의 대답은 이랬다. "이제 와서 얘기하면 어떻게 하라고." 왜 그때 안 하고 이제 와서 얘기하냐며, 그냥 그렇게 넘어갔다.

엄마는 늘 그랬다.

내가 중학생 때 지하철에서 낯선 걸인에게 성추행을 당한 뒤 말했을 때도, 또 그 이야기를 하면서 초등학교 5학년 때 외할머니댁에 놀러 가서 사촌과 근처 PC방에 갔을 때 PC방 사장에게 당한 추행을 털어놨을 때도. 왜 그때 그런 짓을 당하고도 가만히 있었냐며 저항하지 못한 나를 탓했고, 그러니까 항상 조심하라고 했다. 가해자들의 가해 행위 원인을 나에게 돌린 것이다.

생각해보면 아빠의 '장난'도 있었다. 아빠는 그 행위를 '장난'이라 명명했는데 내 팬티 속에 손을 넣어 성기를 만진 뒤 그걸 싫어하는 나를 보고 깔깔대며 도망가는 식이었다. 5학년이 되고 가슴이 나오기 시작하자 가슴도 만졌다. 내가 옷 입는 걸 훔쳐보는 등의 행동도 했다. 엄마에게 얘기해도 아빠가 장난치는 거라며 가볍게 넘겼다. 가끔 말리기도 했지만.

성인이 되어 강간을 당하고 무너졌을 때, 내가 사랑하는 아빠가 도대체 내게 왜 그런 짓을 했는지 도저히 머리로 이해할 수가 없었다. 나는 아빠가 내게 어렸을 때 한 짓을 범죄라고 일갈했다. 아빠는 그저 내가 귀여워서 했던 장난이었다며 미안하다고 사과했다.

내 경험은 그저 개인의 문제일까?

사촌 오빠는 내게 왜 그랬을까?

아빠는 나한테 왜 그랬을까?

내 입을 막은 건 무엇이었을까?

사촌 오빠가 나를 성추행한 건 단발성에 그쳤지만 내 삶의 근간을 뒤흔들기에 충분했다. 그 사건은 내 인생에 심대한 영향을 끼쳤다. 내 인생의 너무 많은 부분을 침해하고, 뒤바꿔놓았다.

어떤 성범죄든 다 극악무도하고 역겨운 짓이지만, 단 한 번도 성에 대해 배워본 적이 없는 아동은 이것이 무슨 행위인지 알지 못할뿐더러 단지 이상하고 나쁜 짓인 것 같다는 느낌만 들 뿐이다. 어쩌면 아무 느낌이 들지 않을 수도 있다.

그런 아동에게 아동 성범죄자들은 성이란 '누군가 내 몸을 침범하는 것'이라고 알려주는 꼴이다. 성에 대한 자연스러운 선택권을 박탈하는 것이다.

사촌 오빠의 행위는 잘못되었고, 내 몸은 성적인 자극을 그대로 배웠다.

나와 같은 아동들이 커서 성에 대해 어떻게 받아들이게 될 것인가? 나는 더러운 짓거리를 너무 많이 당해서인지, 이제 성관계의 성 자만 들어도 구역질이 난다. 한때는 커플만 봐도, 유모차에 앉아 있는 아기만 봐도 성관계에 대한 생각이 자연스레 떠올라 메스꺼웠다. 나에게 아이란 역겨운 성관계를 통한 산물로밖에 보이지 않았다. 다행히 그 후 6년 동안 나 자신과의 힘겨운 싸움을 거치며 지금은 많이 나아졌다.

일찍이 박탈당한 '성적 자기결정권'을 찾아가기란 지금도 쉽지 않다.

우리 부모님은 단 한 번도 가해자나 그 가족에게 제대로 문제 제기하지 않았다. 만약 내가 부모였다면 딸의 이런 이야기를 듣고 멱살이라도 잡을 것 같은데 꽤 많은 생존자의 부모는 자식이 성범죄 피해를 겪었을 때, 그것도 친족에게 겪었을 때 오히려 사실을 축소시키거나 은폐하고, 심지어 아이를 비난하기도 한다는 것을 다른 생존자들과의 연대를 통해서 알게 되었다. 우리 부모님도 다를 바 없었다.

이것이 과연 개인의 문제일까? 우리 모두가 사회에 던져볼 질문이다.

4장

늘 같은 오래된 이야기

정인

2019년 9월 30일

언제나 미치고 싶었다. 그러나 미치지 못하고 머릿속만 미쳐 돌아간다. 감각에 약간 문제가 있는데 그래도 이제는 지하철을 탈 때 주변의 남자들을 의식하고 경계할 수 있다. '경계 희미'라는 말을 처음 들었을 때는 생소해서 개념을 이해하지 못했지만, 이제는 그 덕분에 이해하지 못했던 많은 것을 배우고 있다. 아는 사람이나 모르는 사람이 내 경계를 침범했을 때 나를 지키지 못했다. 돌이켜보면 경계를 세우지 못해 고통스러운 시간이 너무 길었다.

기억하기로는 초등학교 3학년 때였다(실제로는 초등학교 1학년 때 5학년이던 둘째 남자 형제가 내 위에서 버둥거리던 것을 언니가 붙잡아 내려놨다고 한다). 학교를 마치고 집에 와서 숙제하다가 마루에서 잠들었는데 이상해서 눈을 떠보니 첫째 남자 형제가 내 옆에 앉아 있었다. 뭔지 모르게 느낌이 이상해 일어나 옆집에 갔다.

그 첫째 형제가 옆집에서 자고 있는 나를 안아 집에 데리고 온 적이 있다는 것을 얼마 전에 들었다. 그날도 남의 시선이 두려워 나를 마당 비닐하우스로 데려가 눕혀놓았는데, 잠에서 깬 내가 자기를 쳐다봤다고 했다. 나는 모른다.

첫째 형제는 나와 여섯 살 차이가 난다. 그러니 내가 초등학교 3학년 때 중3이 된 그 형제는 내 몸을 만지기 시작했고, 고3이 되자 더는 내 몸에 손을 대지 않았다. 둘째 남자 형제는 스물여섯 살 되어서도 내 몸에 손을 대려 했다. 그래서 지금도 가끔 3이라는 숫자를 마주하는 게 싫다.

사실 첫째 남자 형제와 관련된 준강제추행은 두 번만 기억난다. 그 외에 실제 어떤 일이 있었는지는 모르고, 어떻게 맞거나 도망다녔는지만 기억에 남아 있다. 첫째 남자 형제는 내가 초등학교 2학년 때 학교에 가지 않고 집에 있자 나를 구석으로 몰아붙여 아이보리색 줄넘기로 미친 듯이 때렸다. 그 장면 속의 나는 맞고 있다. 당시 나는 심각한 분리 불안으로 학교에서 돌아오면 엄마를 찾아 여기저기 다녔고 엄마가 없는 집에는 있을 수가 없었다. 2학년부터 5학년까지는 엄마가 외갓집에라도 갈라치면 어떻게든 따라갔다. 울며불며 엄마를 따라 집을 나섰다. 6학년 때 처음으로 개근상을 탔다. 두 형제가 모두 학교나 직장을 찾아 집을 떠난 해였다.

첫째 남자 형제는 주로 줄이나 막대로 위협하거나 때렸다. 동네 사람들이 내 울음소리로 폭행 사실을 알게 돼 엄마가 그를 혼내자 그 형제는 나에게 세 가지를 요구했다. 소리 내지 말 것, 울지 말 것, 엄마에게 말하지 말 것. 그 세 가지를 다 지켰다. 그 후 아주 오랜 기간 울음이 나오지 않아 힘들었다. 그리고 엄마가 내가 맞고 있다는 사실을 알고 있었다는 것을 얼마 전에 알았다. 그제야 엄마의 이상한 말이 생각났다. "가슴이 나오고 있으니 거기는 때리면 안 된다. 아픈 부위니 조심해라." 아들들에게 당부하던 말이다.

내가 5학년 때 둘째 남자 형제가 합류했다. 9월이나 10월경 아침에 일어나니 속옷이 없어진 일이 있었다. 그런 일은 처음이었기에 두려움은 이루 말할 수 없었다. 엄마한테 사실을 말했지만, 엄마는 묵묵부답이었다. 내가 엄마에게 이 일과 관련해 이야기한 것은 그때 한 번뿐이다. 그 이후로는 어떻게든 엄마 아빠 사이에 끼어서 자려고 부탁하고 매달렸다. 그렇지만 번번이 거절당해 겨우 차지한 게 엄마 옆자리였다. 그래도 둘째 남자 형제는 종종 손을 뻗어왔다.

언니가 사회생활을 시작하면서 내 방이 생겼다. 문을 잠그고 잤다. 아침에 일어나니 잠긴 문이 열려 있었다. 그 후로 아무리 노력해도 문단속이 되지 않아 나를 이해할 수 없었다.

시내에 있는 학교를 다녀 떨어져 살던 둘째 남자 형제가 언젠가 여름방학 때 보충수업을 마치고 집에 돌아오는 바람에 낮잠을 잘 수가 없었다. 어쩔 수 없이 한 시간 거리에 있는 학교에 갔다. 무척 더운 여름이었지만 교실에 가서야 편히 누울 수 있었다. 다행히 교실에 찾아오는 이는 아무도 없었다.

집에 곧잘 들어가지 않게 되면서 남의 집에서 자곤 했다. 친구 집에 가니 친구 오빠도 손을 뻗어왔다. 그래도 남은 좀 나았다. 모르는 척

몸을 돌리니 더는 손대지 않았다.

고등학교 때는 친구 집에서 나 혼자 낮잠을 자던 중에 친구 남동생이 방에 들어왔다. 잠에서 깨니 그 아이가 내 옆에 앉아 있었다. 중1 때도 학교에서 자는데 남자 동기 하나가 내 옆에 앉아 있었다. 그렇게 종종 잠에서 깨어 보면 누군가가 내 옆에서 무언가를 하는 일이 생겼다. 잠에서 깨기 전에 무슨 일이 있었는지는 알지 못한다. 나는 틈만 나면 잠을 잤다. 깨어 있는 것이 고통스러웠기 때문이다. 잠을 자거나 정신 없을 정도의 다른 자극이 있어야만 견딜 수 있었다. 이런 식으로 시간을 보낸 기간은 꽤 길었다. 지금도 정도는 약하지만 비슷한 생활 패턴을 반복하고 있다.

중1 때 고등학교 2학년 남학생과 운동을 같이 나갔는데 몸을 푼다면서 이상하게 내 몸에 손을 댔다. "아무한테도 이야기하지 마. 우리 둘이 운동 나간 거"라며 그는 웃었고 손을 흔들며 갔다. 그 환한 얼굴이 선명히 기억난다. 하루는 시내에 나가면서 1톤 트럭을 얻어 탔다. 아저씨는 웃으며 여자의 젖통에 대해 이야기했다. 나를 태워줬던 택시 아저씨는 내 가슴을 주무르며 뭔가 말했다. 나는 내려달라고 말한 뒤 미친 듯이 뛰어가다가 넘어져 엄청 울었다. 그 사실은 아무에게도 말하지 않았다.

고등학교 3학년 때 야간자율학습을 마치고 친구 집에 가는데 막걸리 냄새를 풍기는 아저씨가 우산을 씌워달라며 내 우산 속으로 들어왔다. 경계 희미. 아저씨는 이런저런 것을 물어보다가 갑자기 내 어깨를 잡으며 키스할 건지 성관계를 할 건지 고르라고 했다. 그의 혀가 입안에 들어왔다. 정신을 바짝 차리고 미친 듯이 달려 도망쳤다. 그때 쓰고 있던 우산은 내던졌고 신고 있던 삼선 슬리퍼는 날아갔다. 친구 엄마에게 울면서 그 사실을 말하고 입안을 샅샅이 양치질한 뒤 잠들었다. 이 일로 6개월간 후유증에 시달렸으며, 성기가 입에 꽉 차는 느낌이 들어 구역질을 계속했다.

스물네 살의 그날도 혼자 자고 있었다. 이상해서 눈을 뜨니 어떤 곱슬머리 남자가 내 발치에 있다가 도망갔다. 같은 남자가 이번에는 머리에 스타킹을 쓰고 빨랫줄을 든 채 들어왔다. 첫 번째 침입 때는 내가 문을 잠그지 않았고, 두 번째 침입 때는 잠겼는데도 쉽게 열렸다. 경계 희미. 위험에 대처하지 못했다. 그 일을 겪고도 문을 잠그는 습관을 들이지 못해 괴로웠다.

요즘 화성 살인 사건 뉴스를 보니 그 남자가 생각난다. 후유증은 1년 갔다. 역시 남이 낫다. 나중에 친구하고 같이 있을 때마다 그 남자를 보기만 하면 손가락질하면서 저 새끼라고, 저 새끼가 내 방에 왔었다고 말했다. 하지만 강간이었다면 그렇게 할 수 있었을까. 내가 엄마한테 말을 했는지 첫째 남자 형제가 염려가 컸다는 말을 전해주었다.

2019년 10월 5일

오랫동안 나를 돌보는 일이 잘 안 되어 사는 것이 힘들었다. 물을 제대로 마시지 않았고 식사를 제때 영양가 있게 챙겨 먹지 않았으며 몸을 깨끗이 씻지 않았다. 얼굴 관리를 하지 않았고 옷을 철과 장소에 맞게 입지 않았고 청소를 하지 않았다. 아파도 병원에 가지 않았고 약을 먹지 않았다. 문단속을 하지 않았다. 음식이 눈앞에 있으면 이성을 잃었고 아무리 배가 불러도 계속 먹었다. 심각한 변비에 시달렸고, 소도 아닌데 먹은 음식을 다시 씹어서 삼켰다. 6학년 때부터 10년 가까이 반추 행위는 계속되었다. 고3 때 점심시간 이후, 수업 중에 올라온 음식을 다시 씹어 삼키고 있던 나를 쳐다보았던 남학생의 시선이 아직도 선명하다.

먹을 때 이성을 찾을 수 있게 된 것은 2017년 봄이고 이제는 남들처럼 먹을 수 있다. 큰 노력이나 스트레스 없이 씻을 수 있게 된 것은 2019년 5월이다. 양치는 스물두 살에 정식으로 시작했다. 더러운 몸과 공간을 바라만 보면서 견디기가 힘들었다.

하지만 이 모든 것은 집에 있을 때다. 집을 벗어나면 일상을 살아갔다. 청소하고 요리하고 몸을 깨끗이 가꾸는 일이 어렵지 않았다.

2019년 10월 18일

집에서 잠을 자지 않는 것이 이상하다고 생각해본 적이 없었다. 아무도 나에게 그런 말을 해주지 않았다. 집에서도 누구 하나 어디서 자고 왔냐고 묻지 않았다. 고1이 돼서 '여자는 한곳에서 자야 한다. 잠자리를 옮기면 안 된다'는 말을 어른들이 한다는 걸 처음 알았다.

난 참 이상한 여자아이였다. 하교 후 어두운 밤에 집에 혼자 가는 길에도 노래를 부르며 신이 났다. 그러다 만나는 사람은 나를 보고 놀랐다. 밤이 되면 밖에 나가서 구경을 했다. 밤이 무섭지 않았다. 산속도 무섭지 않았다. 그렇게 여기저기 돌아다녔다. 밖에 나가는 걸 무서워하거나 두려워하지 않았다. 집 밖이 아무리 위험해도 집보다는 낫다고 생각했던 것인가. 아니면 그저 호기심이 많았거나.

집이라는 공간에 있으면 나는 이상한 아이가 된다. 아버지를 무시하고 어머니 말을 듣지 않고 밥 먹다가 쫓겨나고, 외양간이나 토방에 버려진 장롱에서 깊은 잠을 잤다. 생각해보니 그곳도 역시 집이긴 마찬가지다. 그래도 집 안보다는 마당에 따로 있는 그런 곳이 나았다. 어린아이인지라 멀리 가서 잠을 자지는 않았나보다. 그렇게 잠에 깊이 빠지는 나를 오랫동안 원망했다. 그러나 지금은 그것에 감사한다. 아마도 미치지 않은 것은 그 잠 때문이었을 거다. 이제는 쉽게 잠들지 못한다.

작은 공간을 좋아한다. 장롱 같은 곳은 아늑하고 편안하다. 나만의 공간이다. 누군가가 들어오기 어려운 작은 곳은 안전하다. 그런 의미에서 침대 밑이나 관에 눕고 싶은 마음이 늘 간절했다. 내가 들어가면 꽉 찰 공간. 문을 닫으면 깜깜하고 안전한 곳. 그곳이 나에게는 천국이었다. 가족으로부터 분리될 수 있는 곳.

어느 날 대문이 딱히 없던 그 집을 집 밖의 길에서 바라보며 생각했다. 이 집에 불을 지르고 싶다. 모두 태워야겠다. 그렇게 하지는 못했다. 옆집이 너무 가까웠기 때문이다. 어느 상담사는 건너서 이런 말을 전했다. 내가 말하지 못한 것은 가족이 깨질까봐 걱정돼서였을 거라고, 가족을 위해서라고. 누군가는 그랬을지도 모른다. 그러나 나는 아니다. 모두를 사라지게 하고 싶었다. 물론 그 공간도 함께. 나에게 집은 그런 존재다.

이제야 일상을 살아간다. 평범한 사람들이 하는 그런 일들. 씻고 먹고 청소하고 큰 고통 없이 시간을 보내는 일. 일상을 되찾은 것은 아니다. 집에서는 그런 것을 가진 적이 없었다.

2019년 10월 21일

사과를 받아주지 않는다며 나를 원망하는 첫째 남자 형제와 자신도 피해자라고 말했던 둘째 남자 형제를 생각한다. 왜 이렇게 원하는 것이 많을까. 피해자로서 용서도 해야 하는 게 내 의무인가? 물론 나도 한때 그런 생각을 한 적이 있다. 오랫동안 그들을 이해하고 세상 사람들을 이해하려 노력했다. 왜 그런 일이 일어났는지 알려 했고 내 잘못은 없었는지 매번 확인하고 점검하고 질책했다.

2019년 10월 23일

피해 사실을 밝히면 누군가는 상처 주는 말을 할 텐데, 어떤 말이 가장 힘들까? 잘은 모르겠지만 내가 나 자신에게 상처 준 것만큼 힘든 건 없을 것이다. 나는 피해자이면서 가해자다.

어머니에게 왜 더 말하지 않았는지, 왜 구체적으로 설명하지 않았는지, 왜 혼자 도망다녔는지, 왜 그렇게 아무도 믿지 못하고 혼자서만 해결하려고 했는지……. 친구나 선생님에게라도 한번 말해보지 그걸 못 해서 오랜 시간을 허비했고, 그처럼 깊은 바닥으로 가라앉았다. 왜 깊이 잠들어 그런 구실을 만들어줬는지, 왜 단 한 번이라도 눈을 부릅뜨고 잠에서 깨어난 것을 알리지 않았는지, 고작 반항한다는 게 안 씻어서 더럽게 하는 것밖에 없었는지, 왜 능동적·긍정적으로 대처하지 못하고 수동적·부정적으로 대처한 것인지, 왜 그렇게 무언가에 지레 겁먹고 포기하며 살아온 것인지, 왜 누군가가 동의를 구하지 않고 내 몸에 손을 댔을 때 싫다고 말 한번 못 했는지, 왜 매번 무서워만 하고 뒤늦게야 상황 판단을 하는 건지.

프로이트는 무의식이 꿈에 나타난다고 했는데 그런 꿈에서조차 무의식은 올라오지 못해 왜 지금에야 나타날 수밖에 없는지, 왜 지금까지도 이런 일에 인생을 저당 잡히고 사는지, 왜 나를 공격하는 사람들에게 빌미를 주고 대항도 하지 못한 채 쩔쩔매는지, 왜 걸핏하면 눈물을 흘리는지, 왜 아직도 가해자에게 눈 한번 흘기는 게 어렵고 어머니에게 정확히 따지지 못하는지 생각하고 또 생각해보지만 잘 모르겠다.

또 생각해본다. 사람들은 혹은 가해자들은 그들을 용서하고 사과를 받아들여야 진짜 성장이고 트라우마가 극복된다고 말하지만, 나는 거기에 동의하지 않는다. 내가 용서해야 할 것은 나 자신이다.

나는 나를 용서한다. 내게 한 생각과 행동 모두를 용서한다. 제대로 대처하지 못했다고 채찍질했던 나를 용서한다. 아니라고 왜 말하지 못했냐고 비난하던 나를 용서한다. 그런 일이 생기는데도 잠만 잔 나를 용서한다.

칼을 들고 덤비는 것도 아닌데 겁먹고 덜덜 떨거나 꼼짝 못 하던 나를 용서한다. 문을 잠그지 않아 빌미를 준 건 아닌지 스스로를 의심했던 나를 용서한다. 경계 없이 차를 얻어 탄 네 잘못 아니냐면서 상대보다 자신을 먼저 탓했던 나를 용서한다.

왜 그렇게 과거에서 벗어나지 못하는지 스스로를 이해 못했던 나를, 이건 자신이 선택한 것이니 스스로 책임져야 한다고 다그쳤던 나를, 현재와 미래를 망가뜨리고 있는 사람은 그들이 아니라 나 자신이라고 혼쭐내던 나를, 왜 그렇게 사람들을 의심하고 믿지 못하냐면서 너는 문제가 많다고 호통치던 나를 용서한다.

너보다 더 심한 일을 겪은 사람도 멀쩡히 잘 사는데 너는 왜 이러냐고, 왜 이렇게 유별나냐고, 이제는 네 몫이라고, 네 탓이라고 하던 나를 용서한다.

준강간 위기에서 깨고서도 멈춰준 상대를 신사로 착각해 호감을 느끼던 나를, 지금에야 그 사실을 알아차린 나를 용서한다. 그것이 준강간 미수라는 것을 이제야 인식하고 받아들인 나를, 그 일에 부끄러움도 분노도 느끼지 못하는 나를 용서한다.

내 위에서 버둥거리던 누군가 때문에 잠에서 깨고도 바로 내려가게 하고 눈만 한번 흘긴 채 다시 돌아누워 잠들던 나를 용서한다. 성인이 되고 한참 후에도 누군가 내게 묻지도 않고 몸에 손을 대는 상황에 대처하지 못해 자신을 탓했던 나를 용서한다.

버스에서 내 허벅지에 손을 올리고 자기 양복을 덮어놓았던 남자가 그 짓을 하는 걸 모르는 척 창밖을 구경하고 달구경을 했던, 정신을 놓았던 나를 용서한다. 술 한잔 마시지 않았고 짧은 옷도 입지 않았는데 뭘 잘못해서 또 이런 일이 생기는지 알 수가 없어 나를 원망하고 왜 항상 정신을 바짝 차리지 못하고 또 그런 일을 당하는지 알 수가 없어 나만을 탓했던 나를 용서한다.

친족 성폭력에 진저리가 나서 다른 남자 형제가 일찍 죽은 것은 내 행운이라며 조소하던 나를 용서한다. 동의에 미쳐, 성적 자기결정권에 미쳐 아버지랑 해도 좋으니 제발 나에게 물어만 달라고 미친 사람처럼 생각하고 말했던 나를 용서한다. 여자인 게 너무 싫어 여자로 태어난 자신을 원망하고 스스로 재수 없는 여자라고 자책하던 나에게 용서를 구한다. 누군가 성추행을 해도 딱히 수치심을 느끼지 못하는 내 마음을, 내 몸을 용서한다.

내 몸은 누군가가 손을 댄다고 해서 수치심을 느껴야 하는 대상이 아니다. 내 몸 어느 부위이건 내 허락 없이, 동의 없이 손을 대는 것은 나의 수치심과 상관없이 하면 안 되는 행동이다. 허락 없이 손대지 말고 내 경계를 침범하지 마.

생존자가 약자일 수는 있지만 약한 사람은 아니다. 단순히 피해자가 아니다. 이 자리에 오기까지 있는 힘을 다해 달려온 전사들이다. 우리가 너희와 다르다고 생각하지 마라. 우리를 보고 너는 그런 일을 겪지 않았으니 다행이라고, 행복한 거라고 자위하지 마라. 우리를 그런 불쏘시개로 사용하지 마라. 우리를 측은하게도 여기지 마라. 나와 너는 동등하다.

몹쓸 짓을 당한 게 아니라 많은 일을 겪은 것이다. 너희가 가족이어서 고통스럽고, 너희가 아는 사람이어서 힘들고 혹은 모르는 사람이어서 억울했다. 성이 뭐 그리 대단하다고 특별하게 바라보나. 왜 다르게 취급하나. 왜 이런 것을 성적인 것으로만 보려 하나. 누군가가 내 경계를 함부로 침범한 일이다. 나의 자율성을 무시한 행동이다. 부끄러운 것은 너희다.

2019년 10월 31일

내 인생은 실패했다. 이것을 인정하고 받아들인다. 어머니 말대로 내가 이것 때문에 지금 이렇게 사는 것으로 이해하는 게 아니다. 그 모든 것과 별개로 내 인생은 성공하지 못했다. 원망하는 마음이 없지는 않다. 열심히 공부하고 친구랑 놀 시간에 머릿속에는 온통 말하고 싶다는 욕구와 떠오르는 기억이 가득 차서 일상을 살 수 없었다. 사람들이 말하는 현재를 살 수 없었다. 지금에야 그런 것이 트라우마라더라 하지만 그런 말도 섞고 싶지 않고 이름도 붙이고 싶지 않다.

하지만 생각해보면 이렇다. 내 기억 속에서 그 형제들은 거의 형체도 없이 존재했다. 성적인 대상으로, 폭력의 대상으로 취급당하기 전까지는 말이다. 아무리 기억하려 해도 딱히 기억나는 것이 없다. 오빠라며 따라다닌 기억이나 다른 교류도 없었다. 같이 밥은 먹었겠지만 어린 나에게는 어머니와 아버지 그리고 나만 중심에 있었을 뿐이며, 가끔 동생만 기억난다. 그랬던 사람들이 가족이라는 이유로 이렇게 오랫동안 영향을 미친다는 것이 아이러니하다. 첫째 남자 형제는 아빠 행세 한다고 나를 가르치느니 마느니 했다지만, 둘째 남자 형제는 정말 아무런 접점이 없는 사람이다.

시끄럽긴 했지만, 나에겐 집이었고 울타리였는데 그 공간을 빼앗았다. 사람을 믿지 못하고, 적응력 자체를 많이 떨어뜨렸다. 나보다 나이 많은 형제라고 해서 나를 동생으로 아끼고 보호해줬으면 하는 마음 따위는 가져본 적이 없다. 한 번도 그런 것을 떠올려보지 않았다. 그랬다면 오히려 빚이다. 그 사람들은 그럴 이유도, 그럴 필요도 없다.

바란 것은 그저 내가 원하지 않는 접촉을 하지 않는 것뿐. 잠을 자고 싶을 때 마음 편히 안전하게 잠들고만 싶었다. 이웃집을 전전하고 싶지 않았다. 흐린 눈으로 나를 보지 않기를 바랐다. 축축한 손을 기억하고 싶지 않다. 그런 느낌은 아무리 시간이 지나도 사라지지 않고 내 몸과 영혼에 남는다. 어린 나이에 친밀한 가족 구성원의 폭력에 노출되면 나와 밖의 경계가 흐트러져 안팎을 구분하기가 어려워진다. 누구를 믿고 누구를 경계해야 하는지 알기 어려워진다.

한 부모에게서 나고 자랐다는 것을 빼면 아무것도 아닌데 무엇이 그렇게 두려웠는지 모르겠다. 오랜 시간 동안 친족 성폭력에 휩쓸려

많은 것을 놓쳤다. 그 시간이 아깝고 놓친 기회가 아쉽지만 그뿐이다. 시간은 되돌릴 수 없고 되돌아가고 싶지도 않다. 다시는 그 시간을 살고 싶지 않다.

지금 나에게 남은 시간은 살아온 시간보다 길지 않을 것이고 그것이 더 좋다. 이번 생은 너무 힘들었고 고달팠다. 언젠가 죽음의 순간이 다가왔을 때 내가 머물기를 원했던 관에 잠시나마 들어갈 수 있다는 생각만으로도 행복할 것이다. 나를 지킬 수 있는 곳. 그래서 마음 편하게 잠들 수 있는 경계가 확실한 곳. 아무도 원망하고 싶지 않다. 그리고 이제 아무것도 알고 싶지 않다.

2019년 11월 4일

언니에게 4년 전쯤에 이야기했고 2018년 3월에 언니가 어머니에게 이야기했다. 그 이후 달라진 것은 없다. 언니에게는 두 사람이 왜 나한테 (동생이 아닌) 그런 것인지 알고 싶다고 전해달라고 한 것이 마지막 질문이었다. 답변은 받지 못했다.

동생과 같이 자다가 나에게 벌어지는 일을 목격했을 때, 동생을 보면서 그 시간을 견뎠다. 네가 아니라 나라서 다행이었다. 집에 들어가지 않을 때는 내가 없으니 동생에게 그 짓을 하면 어떻게 하나 싶어 걱정되고 미안했다. 죄인 같았다. 동생을 위험에 빠뜨리고 외면하는 행동 같았다. 내가 겪어야 할 일을 동생에게 떠넘기는 것 같았다.

하지만 나중에는 궁금했다. 왜 나였을까? 성이 궁금하고 실행하고 싶었다면 대상은 다양했을 텐데 어떻게 나를 대상으로 선택했을까? 그것이 알고 싶었다. 왜 나를 목표로 첫째 남자 형제가 신체적, 정서적, 성적인 폭력을 행사했는지 알고 싶었다. 왜 둘째 남자 형제는 그 정신없었을 와중에도 나에게만(물론 사실이 아닐 수도) 성폭력을 저질렀는지 알고 싶었다. 정말로 성욕에 미쳐서 그랬다고 한다면 여동생이 둘이나 있는데 굳이 하나만 대상으로 삼은 이유가 무언가. 그리고 그런 마음을 꼭 가족에게 품은 이유는 또 무엇인가.

그것이 최근까지 알고 싶었던 마지막 질문이었다. 이제는 그 답을 알 것 같다. 선택할 수 있는 가장 안전한 대상이었을 것이다. 부모의 말을 잘 듣는 아이였다면 이런 일이 생기지 않았을 수도 있지 않을까, 동생처럼 말썽 피우지 않는 착한 아이였다면 아무 일 없이 지나가지 않았을까 생각하기도 했던 내가 우습다.

자연스럽게 알았을 거다. 세상에는 많은 여자가 있지만, 학교나 집 밖에 있는 여자보다는 집 안에 있는 여자가 좀더 쉽고 안전한 대상임을. 그리고 그 집에서 가장 약자가 누구인지를, 그런 행동을 해도 가장 탈 없을 것 같은 대상이 누구인지를, 집안에서 누가 가장 만만한지를, 속마음을 남에게 전혀 이야기하지 않는 게 누구인지를, 누가 가장 미움받는 아이인지를 알고 있었을 것이다. 때려도 되고 윽박질러도 되는 이런 아이는 성적인 폭력을 가해도 자기에게 피해가 돌아올 위험이 적다고 생각했을 것이다. 그것을 의식했든 의식하지 않았든 그랬을 것이다.

학교 선배가, 누군지도 잘 모르는 동창이, 친구 오빠가, 친구 동생이 그 외 많은 사람이 왜 나를 대상으로 삼았는지 알 수 있었다. 우리는 누구에게 배우지 않아도 알 수 있다. 이 중에서 누구를 공격해도 되는지 금방 찾아낼 수 있다. 그 대상의 처지와 표정, 몸짓, 모든 것이 말해준다. 본능이다.

아, 얘구나. 괜찮겠다. 안전하겠다.

여전히 내 가족 구성원이 착한 사람이라고 생각하는 나를 본다. 착한 사람은 그런 행동을 하지 않는다는데 나를 제외한 가족 구성원은 모두 착한데 나만 나쁜 사람이고 이기적이라고 생각하는 나를 본다. 끊임없이 나에게서 이유를 찾고 내가 다르게 행동했더라면 달라졌을지도 모르는 상황을 상상한다.

얼마 전 창밖에서 들려온 목소리가 둘째 남자 형제와 비슷하다는 생각이 들자마자 갑자기 그 시절로 돌아가 같은 공간에 있는 것 같았다. 그는 어디에도 없지만, 어디에나 있다. 이것이 힘들다. 언제든지 되살아나고 내 인생에서 떠나지 않는다. 내 시간을 공유하며 어디에서 만날까봐 불안한 사람. 어디에 있어도 그는 내 옆에 있을 것이다. 어떻게 할 수가 없다.

더는 혼자 생각하거나 판단하고 싶지 않다. 언니의 상담사가 아니라 나의 상담사를 만나 나를 위한 이야기를 들어야겠다. '너도 동생이고 남동생도 동생이라 혼란스럽고, 피해자를 이해하지만, 가해자도 이해할 수 있다면서 가해자의 행동에 감정이입하며 모든 이가 안타깝다고 말하고, 가해자의 가족이 될 사람들도 걱정된다'고 말하는 언니가 아니라, 큰아들은 혼을 내도 작은아들은 혼내지도 않고 여전히 아무렇지 않게 전처럼 다른 이야기를 하는 엄마가 아니라 내가 맞고 있는 것을 알고도 나에게는 직접 아무 말도 하지 않았듯이 지금도 나에게 아무 말도 하지 않는 엄마가 아니라, 나를 편들어줄 사람을 만나야겠다.

가해자의 행동을 이해하지 않을뿐더러 안타까워하지 않는 사람과 함께해야겠다. 그들이 가족이 아니었다면 이 문제는 생각보다 단순해진다. 우리는 너무 사람을 이해하려 애쓴다.

2019년 11월 5일

그들은 나를 걱정한 것이 아니라 본인의 안전을 위해 자신의 행동을 조절했다. 모든 것은 자신을 위한 것이었지, 나를 위한 것이 아니었다. 만약 현재 그들이 혹시나 스트레스를 받고 있다면 그조차 나를 위한 것이 아니라 그들 자신을 위한 것이다.

2019년 11월 6일

정확히 20년 전에 연락했다. 내가 알고 있다는 것을 처음으로 남자 형제에게 전했다. 첫째는 안 그래도 말하려고 했다면서 미안하다고 했다. 둘째는 그다음 날 자신도 피해자라고 했다. 두 사람 다 내가 하는 말에 반론을 제기하지 않았다. 내 기억이 잘못됐다고 말하지 않았다.

생각해보니 첫째와 둘째가 준 피해의 양상은 사뭇 달랐다. 첫째가 준 피해는 신체적이고 정신적인 폭력이 훨씬 크다. 아직도 누군가 조금이라도 높은 톤으로 말을 걸거나 무표정한 얼굴을 하면 무서워 심장이 뛰고 어쩔 줄 모르며 주눅 들고 변명하기에 급급하다. 타인의 의사 표현을 과하게 인식하고 쉽게 두려워한다. 비난에 취약하고 곧잘 위축된다. 둘째는 성적인 외상을 입혔다. 그래서 지금도 시간을 공유한다. 두 사람 중 한 사람만 폭력을 저질렀어도 인생의 질이 달라졌을 것이다. 성적인 외상뿐이었다면 사람을 덜 무서워했을지도 모르고, 신체적 폭력에 대한 외상뿐이었다면 이렇게 오랜 시간 동안 그 기억에서 벗어나지 못해 고통스럽지 않았을 것이다.

한 번도 일기장에 그 일을 기록한 적이 없었다. 일기 어디에도 진짜 감정을 드러내지 않았다. 매번 하루를 서술하는 내용뿐이다. 일기에

이 내용을 적었다면 좋지 않았을까 싶다. 그랬다면 그렇게 매번 머릿속에서 기억으로, 생각으로 남지 않고 글로 남아 실제 기억에서는 조금이라도 약해지지 않았을까. 아무도 믿을 수 없고 비밀로 지켜야 한다고 생각했기 때문에 머릿속에만 남길 수밖에 없었다. 이야기를 과장하지 않고 최초의 기억 그대로 가져가려면 기억의 얼개를 단순화해 다른 사건이나 상황과 연관 지어 머리에 담아두어야 했다. 지금은 기억이 스냅사진처럼 남아 있어 과거와 현재가 동일하다. 이 기억을 억지로 지우지는 않을 것이다. 이 기억이 나이고 내가 곧 이 기억이다. 아무리 힘들어도 인위적으로 없애고 싶지 않다. 아직 풀리지 않아서 가지고 있을 뿐, 때가 되면 사라질 것이다. 만약 죽을 때까지 없어지지 않는다면 그때까지 가지고 가겠다.

어린 나이에도 얼마나 당찼는지, 문제를 혼자 해결하기 위해 얼마나 고군분투했는지에 초점을 맞춰 기억하고 싶다. 어려서 사고의 깊이가 어른처럼 깊지는 않았지만 나를 보호하기 위해 최선을 다해 주변 상황을 파악하고 문제점을 발견하고 해결책을 강구하여 실천했다. 그 방법으로 해결되지 않으면 대안을 생각해내고 다시 실행에 옮겼다.

한때는 이 기억이 사라져야 내 상태가 좋아진다고 생각했지만, 지금은 다르다. 아직도 이 기억과 함께하는 것은 내 의지가 아니다. 내 뜻대로 기억이 나타나거나 사라지는 것이 아니다. 아무리 씻어야 한다고 생각해도 물 묻히는 것이 뜻대로 안 되듯이, 어떤 때에는 안 씻고 싶어도 자연스럽게 물에 손이 닿는다. 기억도 원망도 마찬가지다. 일어나면 일어나는 대로 사라지면 사라지는 대로 지켜볼 것이다. 마치 의지 없이 떠맡기는 것 같지만, 그동안 힘껏 노력해왔으니 이제는 기다리고 싶다. 나에게 돌려진 화살을 다른 쪽으로 향하게 할 것이다. 고생 많았다. 나는 네가 자랑스럽다. 네가 해온 모든 방법은 최선이었고 옳았다.

2019년 11월 7일

친족 성폭력과 나는 분리할 수 없는 샴쌍둥이와 같다. 이미 너무 오랫동안 함께 살아와서 따로 떨어질 수 없다. 내 인생 자체가 친족 성폭력과 성폭력의 역사다. 이것 없이는 나를 설명할 수 없고 같이 가야 한다. 이것은 내 정체성이다.

2019년 11월 26일

올해 들어 처음으로 내 진짜 이야기를 꺼내놓은 셈이다. 가리는 천 쪼가리 하나 없이 벌거벗은 채 앉아 있는 기분이다. 팬티 하나 걸치지 못하고 누군가와 이야기를 하다보면 화가 난다. 상대가 진정성이 부족하다고 느껴지면 억울하고 분하다. 내가 한없이 약자 같다. 누군가 나보다 우위에 서서 무언가를 말한다고 생각하면 기분이 좋지 않다. 내 인생을 제대로 꾸리지 못한다는 생각 때문에 마음이 가라앉는다.

그런데도 이렇게 함으로써 자유로워진다. 화났다가 가라앉았다가 무기력해졌다가 다시 좋아지는 등 기분이 요동친다. 오랫동안 이해하지 못한 것을 이해하게 됐고 세상이 다시 보인다. 마냥 두려움에 떨다가도 용기를 낸다. 이 글이 또는 그동안 쓰지 못했던 일기가 시작점이 되기를 바란다. 무언가를 잘해야겠다는 생각도 들지 않고 이기고 싶다는 생각도 사라졌다. 신기하다. 말을 하면서 매 순간 변한다. 이제는 내 말을 하고 싶어 안달하지 않을 수 있다. 머릿속에 수많은 이야기를 담아놓고 적당한 때에 꺼내 남을 웃기지 않아도 된다. 아무 말을 하지 않아도 편안하다.

이런 재미에 사는구나 싶다. 살아야겠다 싶다. 잘 살지는 못할 수도 있지만 살아야겠다. 누군가가 며칠 전 세상을 떠나서인지 모르겠지만 나는 살아야겠다. 오래 살고 싶은 생각은 없지만 조금이라도 더 살아야겠다. 그리고 다른 이와도 함께 살고 싶다. 누군가가 먼저 가고 싶어 한다면 가지 말라는 말보다 같이 살자고 말하고 싶다. 힘들었겠다보다 고생했다고 말하고 싶다. 별 차이 없지만, 그냥 그런 말을 듣고 싶다. 왠지 내가 뭔가를 이룬 것 같다.

2019년 11월 30일

가해자를 이해하고 사건의 양상을 이해하기 위해 시간을 너무 많이 허비한 사람으로서 뭔가를 말한다면, 가해자가 왜 그런 행동을 했는지는 중요하지 않다. 교통사고가 났는데 그 사고의 원인을 아는 것이 무슨 도움이 되나. 그 사고 때문에 아픈데 원인을 알고 가해자가 죄책감을 느낀다고 해서 아픈 게 낫는가. 아마도 내 형제들은 죄책감을 느끼고 있을 것이다. 아쉽게도 그것은 피해를 이겨내는 데 도움이 되지 않는다. 그들이 나쁘기만 한 사람은 아니라고 해서 피해가 줄어들지는 않는다. 오히려 내게 죄책감이 생기려 한다. 죄책감은 문제 해결에 도움이 되지 않는다. 무엇이 나를 위한 것인지 끊임없이 생각해도 시간이 모자란다.

2020년 2월 15일

밤을 참 좋아했다. 그 캄캄한 밤길을 걷다 무서워 뒤를 돌아보면 금방이라도 흰옷을 입은 긴 머리의 처녀 귀신이 있는 것만 같아서 한 번 돌아봤다가는 정말로 그를 볼 것만 같아서 뒤에 누가 있는 것 같아도 꾹 참고 밤길을 걸었다. 귀신이 나타나서 혹시나 해코지할까 무서웠어도 꼬박꼬박 밤길을 즐겼다. 캄캄한 밤도, 초승달이 뜨던 밤도, 반달을 막 지나 도톰해지는 달이 뜬 밤도, 금방이라도 토끼 두 마리가 보일 것만 같던 환한 달밤도 참 좋았다. 누군가가 보이는 혹은 함께해야 하는 쨍쨍한 낮보다는 캄캄해서 아무도 보이지 않고 나 혼자 있을 수 있던 밤이 좋았다. 물론 그 밤에 나는 길가에 서 있다. 귀신과 함께라도 혼자가 좋았다.

어디에나 있었고 지금도 있는, 그러나 아무도 말하지 않는,
아무도 알고 싶어하지 않는 이야기, 늘 같은 오래된 이야기,
THE SAME OLD STORY.

5장

오이디푸스 패밀리

희망

인터넷 검색창에 '희망' 두 글자를 넣으면 상담사, 작가라는 인물 정보가 뜬다. '위키백과'엔 그녀가 집필한 책 목록이 주르르 펼쳐지고, '동영상'엔 그녀가 출연한 「세상을 바꾸는 시간」의 모습이 나온다. 매 순간 다른 존재를 펼쳐내는 사람 희망. 한때 '글을 쓰고 치유하는 사람'이라고 자신을 소개하던 그녀는 지금은 그저 '상담하는 사람'이라고 말한다. 희망은 아침에 눈을 뜨면 가장 먼저 컴퓨터 앞에 앉는 사람이고 늘 내담자들에게 위로가 되는 따뜻한 말을 건네는 상담사다. 그녀가 운영하는 블로그 코너는 울고 웃으며 공감하는 이웃들로 늘 북적인다.

1. 처음 기억이 올라온 후 10년의 시간이 흘렀다. 아직도 상담을 받는 입장에서 소회가 남다를 것 같다.

내게 벌어진 사고를 점점 덜 예민하고 덜 특별하게 느낀다. 전에는 '왜 내게 이런 일이 생겼을까' 하는 마음으로 살았다면 지금은 '왜 이런 일이 생겼을까, 그 사람은 왜 그랬을까' 하는 마음이 되었다는 게 가장 큰 변화다. 사실 내가 겪은 일은 세상의 어느 누구도 겪어서는 안 되는 것이고 감당할 수 없는 것이다. 지금은 30년 전 사건으로 인해 부서지고 망가진 몸과 마음을 추슬러 그 일이 내 삶을 변화시킨 부분과 후유증 및 아픔에 대해 돌아보는 작업을 하고 있다.

* 이 글은 저자가 자신을 인터뷰하는 방식으로 구성되었다.

2. 이번 인터뷰는 성폭력 생존자들의 글쓰기 작업에 참여하면서 하게 되었다고 들었다. 계기가 궁금하다.

2019년 '친족 성범죄 공소시효 폐지안'을 청와대 민원에 올린 푸른나비님과 오랫동안 교류하며 지내왔다. 2014년부터 1년 반 동안 한국성폭력상담소에서 상담을 받았고 상담이 종료된 후 생존자들의 모임인 '작은말하기'에 1년 정도 참석했는데 그때 알게 된 분이 푸른나비님이다. 그분과 간간이 연락을 주고받다가 청원을 진행 중이라는 소식을 들었고 취지에 공감해 서명했다. 생존자들의 글쓰기 작업도 할 예정이라는 얘기를 듣고 바로 신청해서 참여했다.

희망님은 말을 조심스럽게 고른다. 말하기 전에 다듬고 생각하는 게 보인다. 이미 뱉은 말을 되돌리고 다른 말로 정정하기를 원치 않아서 더 그런다고 하셨다. 언어로 다 담을 수 없어서 글을 쓰고 글로도 품지 못하는 조각들은 상담을 하면서 조금씩 펼치신다고 한다. 자신과 비슷한 상처를 가진 내담자들을 만날 때면 더 조심스럽게 말을 고르고 상대방에게 공감하기 위해서 온 마음과 몸을 열어 집중한다고 한다. 이미 상처받은 내담자가 자신이 하는 말에 또 베여서 아파하는 걸 보고 싶지 않다고 하셨다.

희망에게 그 일은 대학 3학년이던 1989년 6월에 일어났다. 그날 희망은 기말고사를 마치고 집으로 향했다. 시험이 끝난 날이라 친구들은 술 마시고 가자며 희망에게 말했지만 전날 밤을 새운 탓에 졸리고 피곤했던 그녀는 바로 집으로 가서 밀린 잠을 자기를 원했다. 오후 3시경 집에 들어갔던 것 같다. 대문은 항상 그렇듯 가지고 다니는 열쇠로 따고 들어갔고 집에는 사람이 있는지 현관문이 조금 열린 상태였다고 한다. 현관에는 운동화와 구두가 널브러져 있었고 안방에서는 인기척이 들렸다. 집 안 전체에 감도는 공기가 위험하다고는 전혀 인지하지 못했다고 한다. 희망이 들어선 곳은 자신의 집이었고 집에는 가족 외에 낯선 이방인이 있을 확률이 거의 전무했기 때문이다. 안방 문은 닫혀 있지 않았다. 조금 열린 문틈 사이로 낯설고 이질적인 소리가 들려왔고 희망은 본능적으로 발소리를 죽여 조심스럽게 안방으로 들어섰다.

그 순간 희망이 목격한 장면은 무엇이었을까? 분명히 눈앞에 보이는 장면은 현실이었지만 희망에게 등을 보이는 남자의 상반신 밑에 깔려 있는 사람은 희망의 어머니였고 그 남자는 희망의 남동생이었다. 희망은 이 비현실적인 장면에 얼어붙었고 그녀와 눈이 마주친 두 사람은 정지 화면처럼 경악한 얼굴로 돌아봤다.

지금 내가 본 게 뭐지? 생각을 수습할 겨를도 없이 희망은 안방에서 뛰쳐나왔다. 왜 그때 집 밖으로 나가 도망치지 않았을까? 어쩌면 희망은 초등학교 5학년 때*처럼 자신이 본 장면이 현실이 아닌 꿈이었음을 확인하고 싶었던 건지도 모르겠다. 다시 안방 문으로 다가선 희망은 침대 가장자리에 서 있는 남동생이 어머니에게 차마 그렇게까지는 못 하겠다는 말을 반복해서 하는 소리를 들었고 어머니는 침대에 반쯤 기대앉아 뭔가를 계속 하라고 다그치고 있었다.

어머니가 남동생에게 하라고 다그친 그 일이 무엇인지 알았더라면 희망은 그날 도망칠 수 있었을까? 그 집을 나서서 멀리멀리 떠나 다시 돌아오지 않는 것 외에는 그녀가 그날 목격한 것에서 도망갈 수 있는 방법은 없었다. 그날 아버지는 평소처럼 저녁 식사 전에 귀가하셨다. 저녁 식사를 하지 않겠다 말하고 일찍 방에 올라간 희망은 도저히 믿기지 않는 현실 앞에서 자신이 잘못 본 장면이기를 간절히 바라며 잠자리에 들었다. 새벽이었다. 인기척에 선잠이 깬 희망은 침대 옆에 서 있는 남동생의 실루엣을 봤다. 남동생은 한참을 그렇게 서 있었던 듯 희망을 내려다보고 있었고 그녀가 잠에서 깨려는 기척을 보이자 서둘러 티셔츠를 벗고 지퍼를 내리며 바지를 황급히 벗었다.

그다음부터는 영화의 한 장면을 보는 것 같았다. 희망의 몸과 마음이 반으로 갈라졌다. 희망은 그 일이 벌어지는 동안 유체 이탈을 한 듯 천장에서 그 장면을 내려다보는 또 한 명의 그녀를 보았다. 아무것도 느낄 수 없었기에 아프지 않았다. 반복적으로 자신을 짓밟는 남동생

* 희망에게는 지워지지 않는 꿈의 한 장면이 있었다. 초등학교 5학년 때 꾼 꿈으로, 새벽에 화장실에 갔다가 문을 열었는데 처음 보는 남자와 엄마가 옷을 모두 벗은 채 희망을 쳐다봤던 것이다. 희망은 이것이 사실일 리 없다고 여겨 이튿날 엄마에게 이야기했다. "엄마, 어제 온 아저씨는 누구고 왜 거기 있었던 거야?" 이때 엄마는 딸의 목이 꺾일 만큼 따귀를 때리고 목에 칼을 들이댔다. "넌 어제 악몽을 꾼 거야. 하지만 네가 본 걸 누군가에게 말하면 죽여버릴 거야." 이후 모든 기억은 사라지는데, 훗날 상담하면서 이것이 '해리성 기억상실' 증상임을 알게 된다.

의 행위가 더해갈수록 점점 호흡이 곤란해지고 아득해지는 자신을 지켜보고 있었다.

마침내 끝났다. 남동생은 희망의 몸에서 떨어져 나와 바지를 주섬주섬 입더니 문을 열고 후다닥 밖으로 뛰쳐나갔다. 다리 사이로 흐르는 피를 느끼며 희망은 엉거주춤 침대에서 일어나 비틀비틀 문을 향해 걸어갔다. 지금 나에게 벌어진 일이 사고였는지 꿈이었는지 현실이었는지 전혀 감이 오지 않았다. 바닥에 피가 많이 흘렀고 잘 걷지 못하는 걸로 봐서 꿈은 아닌 듯했다.

문을 열고 나갔을 때 방 바로 밖에 어머니가 있었다. 귀신처럼 어둠 속에 서 있던 어머니는 희망이 비척거리며 나가자 손으로 어깨를 붙잡고 이렇게 말했다. "네가 낮에 본 거는 절대 아버지에게 말하지 마." 희망은 그 순간 알았다. 그러겠다고 대답하지 않으면 어머니가 자신을 그날 밤 죽이리라는 것을. 그리고 희망의 방에 남동생을 집어넣어 강간을 사주한 것도 어머니란 사실을 알게 되었다. 낮에 둘이 안방에서 나눴던 대화가 들리기 시작했다. "차마 그렇게까지는 못 하겠어요." "해야 돼. 그러지 않으면 누나가 아버지한테 말할 거야. 그러면 우리는 다 죽어. 네가 그렇게 해야 누나가 입을 다물어." 휘청거리며 고개를 끄덕이고는 벽을 짚어가며 화장실로 향했다. 세면대를 붙잡고 겨우 버티고 서 있는 희망의 눈앞에 거울이 보였다. 거울 속에 비친 여자는 분명 희망이었지만 더 이상 잠들기 전 그 모습이 아니었다. 처음 보는 낯선 여자가 거울 안에서 희망을 쳐다보고 있었다.

툭. 발밑이 꺼지고 하늘이 쏟아져 내렸다. 코로 숨이 쉬어지지 않아 거실로 달려나가 헉헉거리며 바닥을 기어다녔다. 비명이 터져나올 거 같아 입을 틀어막고 벽에 머리를 쿵쿵 박았다. 이건 꿈이 아니었다. 꿈이 아니었다. 20년의 시간이 지나서야 굳게 닫혔던 문이 열리고 기억이 쏟아지기 시작했다.

3. 글을 쓰면서도 상담을 놓지 않았다. 끊임없이 상담을 받고 또 상담사로 일하게 만드는 데는 어떤 동력이 있을까?

내가 쓰는 글은 내 안에 흐르는 수많은 생각과 감정, 표현되지 못한 숱한 상처의 조각을 지면에 옮기는 일이다. 글로 다 풀어내고 싶지만 나를 잘 알지 못하는 또는 알고 싶어하지 않는 이웃들을 대상으로 모든 걸 지면에서 풀어내는 건 예의도 아니고 한계가 있다. 기억이 올라온 후 너무 오래 꾹꾹 눌러왔던 분노의 감정들이 쓰나미처럼 덮치고, 감당할 수 없을 만큼 커져서 나를 집어삼킨 시간들이 있었다. 그때 상담을 받지 않았다면 분노로 아이들도 집어삼키고 나 자신도 망가뜨리는 선택을 했을 것이다. 내가 아직도 상담을 받고 상담을 하는 건 온전히 한 인간으로 살기 위한 몸부림이고 발버둥이다. 지난 10년은 분노에 집어삼켜진 엄마에게 상처받은 아이들을 치유하고 회복시키는 시간이었다면 이제부터의 상담은 스물두 살 그날 이후 자책하고 스스로를 비난한 시간에 대해 치유하는 작업이 될 것이다.

4. 30년 전 당신이 겪었던 사고는 당신의 인생을 완전히 뒤바꿔놓았다. 그 사고에 대한 당신의 감정들은 무엇이며 그중 핵심 감정은 무엇인가?

남동생이 나를 강간한 가해자이고 그 원하지 않았던 강간을 사주하고 강요한 사람이 내 어머니라는 사실은 지금도 나를 괴롭히는 상처이고 고통이다. 그들은 내 가족이었고 피를 나눈 사이이다. 자신의 잘못을 덮기 위해 피해자인 아들을 동원해 가해자로 만든 사람이 내 어머니라는 사실은 죽는 순간까지도 극복되지 못할 아픔이다. 사실 이 상처로부터 치유되고 회복되는 건 불가능하다고 생각한다. 아이들이 생긴 후 더 이상 내 어머니를 이해하고 용서하려는 노력은 하지 않는다. 경계성 성격장애 환자라는 진단명으로도 그녀가 나와 남동생에게 했던 짓을 합리화하고 설명하는 데 역부족이기 때문이다. 기억이 올라온 후 어머니가 남동생을 가해자로 만든 이유를 알게 되었다. 남동생을 가해자로 만들면 나중에 내가 모든 걸 기억해내도 아무것도 하지 못하리라는 걸 그분은 알고 있었다. 또 남동생이 피해자로만 머물면 성인이 되면서 반발하거나 외부에 도움을 요청할 수도 있지만 가해자, 공범으로 만들면 자신의 의도대로 남동생을 계속 통제할 수 있기 때문이다.

5. 그 사고로 인해 당신이 잃은 것은 무엇인가?

잃은 것은 인간에 대한 신뢰와 믿음이다. 생모가 가해자였기에 나는 세상 누구도 믿지 못하는 사람이 되었다. 그러면서도 인간에게 위로받기를 원했기에 끊임없이 관계 안에서 계속 상처 주고 상처를 받으며 하루하루를 살아왔다. 어머니는 그날 밤 딸인 나를 살해했다. 나는 그날 밤 죽었고 아직도 죽어 있다.

6. 그 사고로 인해 좌절된 당신의 꿈이 있다면 무엇인가?

그 사고 이전에 나는 대학원 진학을 계획하고 있었다. 대학원 졸업 후 유학을 갔다가 모교에서 교편을 잡는 게 꿈이었다. 하지만 그날 이후 나는 모든 기억을 잃은 채 깨어났고, 단 한 줄의 글도 읽을 수 없는 극심한 난독증과 이유를 알 수 없는 불안, 불면증에 시달리며 20대 시절을 지나왔다. 왜 공부에만 집중했던 나로 돌아갈 수 없는지 의문을 갖고 학교 도서관 뒷길을 몇 시간씩 걸었던 스물두 살의 나를 생각하면 지금도 눈물이 앞을 가린다. 그때 나는 너무 혼란스럽고 무섭고 고통스러웠다. 그 고통의 실체도 모른 채.

7. 가해자인 그들에게 원하는 것은 무엇인가?

나는 그들에게 10년의 시간을 주었다. 기억이 올라온 후 직면했고 그들에게 책임을 물었다. 가장 먼저 통화한 어머니가 내게 한 말은 '결혼할 때 집도 해주고 차도 해줬는데 왜 지랄이냐'였다. 그 말로 내 기억이 거짓이 아님이 확실해졌다. 만일 그들의 주장대로 그 사건이 존재하지 않는 허위라면 가장 처음 해야 할 말은 무슨 소리를 하는 거냐고 너가 무슨 말을 하는지 모르겠다고 하는 것이어야 한다. 남동생은 어머니가 시키는 대로 누나가 미쳤다고 했으며, 아들과 아내의 정사에 대해 들은 후에도 부인과 같이 사는 걸 선택한 아버지는 내가 피해망상에 시달리고 있으며 정신질환을 앓고 있다고 적극 주장했다. 정말로 내게 문제가 있는 거라면 그 말 뒤에 네가 입을 다물고 전처럼 가족 모임에 나와서 아무 일도 없는 듯 지내면, 나중에 한몫 단단히 챙겨주겠다는 말은 나오지 말아야 하는 거다.

한때 가족이었고 피를 나눈 사이였기에 나는 그들에게 10년의 시간을 줬다. 사실을 인정하고 사과하고 진심으로 미안해하는 날이 오기를 바라면서. 그러나 이미 알고 있었다. 그런 일은 일어나지 않을 거고 그럴 사람들이었다면 처음부터 그런 범죄를 공모하지도 않았을 것이라는 사실을.

최근 들어 지인들의 부모님이 한 분 두 분 돌아가셔서 장례식에 다녀오는 일이 잦아졌다. 나는 그들에게 사과도 받지 못했고 어떤 감정도 수습되거나 정리되지 못한 채 견디고 있다. 그분들이 하나둘 세상을 떠나면 내가 받은 고통에 대해서는 누구에게 책임을 물어야 할지 너무 막막하고 아득해져서 가끔은 숨이 쉬어지지 않는다.

원가족 모두가 병들었지만 아무도 아프다고 하지 않았다. 그들은 과거에도 침묵했고 지금도 침묵하며 앞으로도 그럴 것이다.

6장

죽고 싶지만 살고 싶어서

최예원

내 이야기를 시작하자면 초등학교에 입학하던 해인 여덟 살 때로 돌아가야 한다. 여덟 살 때부터 열한 살 때까지 4년 동안 지옥 속에서 살았던 이야기를 꺼내보려 한다.

내 인생의 첫 시련은 4년간 지속됐다. 난 나보다 여섯 살 많은 친오빠에게 성폭행을 당했다.

오빠가 처음 나를 강간하던 그날 이 사실을 부모님께 말하지 못했던 이유는, 말하면 부모님을 죽여버리겠다는 오빠의 협박 때문이었다. 내가 입을 다물면 사랑하는 사람을 지킬 수 있다는 사실, 내가 살고자 입을 열면 가장 사랑하는 사람이 죽는다는 말은 나에게 커다란 무언가로 다가왔다. 형체도 없고 감각도 느낄 수 없는 것이 사람의 말이지만 부모를 향한 오빠의 살인 예고는 정확히 나를 공포에 떨게 했다.

오빠는 주로 부모님이 집에 계시지 않을 때 자기가 있는 곳으로 나를 불렀고 때리겠다고 협박하며 내 몸을 가지고 놀았다. 처음 나를 강간했던 때 오빠의 나이는 고작 열네 살이었다. 그때는 그 어린 중학생이 세상에서 무엇보다 크게 다가왔고 무섭기도, 치가 떨리게 싫기도 했으며, 맞는 것이 무서워 눈조차 마주칠 수 없었다.

이제 와 되돌아보면 매 순간 죽고 싶다고 생각했던 것 같다. 하지만 그때는 그것이 죽고 싶다는 감정인 줄 잘 몰랐다.

하루는 오빠가 여덟 살인 나에게 구강성교를 강요했다. 또 하루는 하체만 뺀 내 몸과 얼굴을 이불로 덮은 후 내 성기를 가지고 놀았다. 분명 내 몸의 주인은 나였는데 무엇 하나 뜻대로 할 수 있는 것이 없었다. 괴롭고 수치스러웠다. 하지만 그 고통보다 오빠를 무서워하는 마음이 더 컸기 때문에 아무것도 할 수 없었다.

더 분한 것은 지금의 내가 그 순간으로 돌아가더라도 아무것도 하지 못하리라는 사실이다. 무언가가 나를 고통스럽게 만드는 것을 알고 있는데도 자신의 나약함으로 인해 아무것도 할 수 없다는 사실은 사람을 비참하게 만든다.

여덟 살 여름에 멈춰버린 삶

오빠는 화가 많이 나는 날에는 나와 나보다 두 살 어린 남동생을 계속 때렸는데 만약 몸을 대주면 나를 때리지 않겠다고 제안했다. 아니, 제안이 아니라 협박이라고 해야 맞겠다. 그 당시 내게 500원은 큰돈이었는데 나를 강간하고 나면 입막음 시키려고 500원을 쥐어주곤 했다. 내가 그 500원을 받고 잠깐이라도 기뻐했던 기억은 지금도 나를 괴롭힌다. 그땐 집이 몹시 가난했고 부모님께 과자를 먹고 싶다며 돈을 달라고 하기 미안했기 때문이다. 무엇보다 내가 과자를 사 먹는 돈을 아끼면 엄마 아빠가 더 좋은 식사 한 끼를 할 수 있을 거라고 생각했다. 그래서 그 500원은 나에게 부모님 어깨의 짐을 덜어드리면서 내가 인간으로서 느끼는 식욕에 대한 욕구도 채울 수 있는, 폭력 안에서 찾은 기회였던 것 같다.

어느 날엔 오빠가 내게 집 밖에 있는 주차장에서 성행위를 하자고 했다. 내가 "경찰 아저씨가 보면 어떻게 해?"라고 묻자 "괜찮아, 경찰 아저씨한테도 한 번 해주면 너 예뻐해주시고 돈도 주실 거야"라고 답했다. 그때는 어려서 그 말의 뜻도 이해하지 못했다. 그런데 내가 정말 힘들었던 건 그 순간이 아니라 그 말의 의미를 이해할 수 있을 만큼 내 생각이 내 키와 같이 자라났을 때였다. 오빠가 나를 사람으로 생각하지 않는다는 것을 깨달았기 때문이다. 내가 사랑하는 사람이 나를 사랑하지 않는다는 사실은 사람을 비참하게 만들기도 하고 한없이 슬프게도 만들기 때문에 나는 그 감정의 무게를 감당하기가 버거웠다.

무엇보다 공포스러웠던 점은 오빠가 나뿐만 아니라 남동생을 성폭행할 수도 있겠다는 사실이었다. 내가 당한 일을 동생이 당하도록 할 바에는 내가 다 당하는 것이 나았다. 사랑하는 동생이 힘든 일을 당한다는 생각만 해도 마음이 부서지는 것 같았으니까. 그래서 오빠의 말에 더 저항할 수가 없었다. 4년 동안 오빠에게 성폭행을 당하면서 거의 매일 죽어야겠다고 생각했다. 죽음밖에는 내가 도피할 수 있는 곳이 없다고 여겨졌다.

열한 살이 되고 네이버 초록색 검색창에 "오빠한테 성폭행 당했어요"라는 문구를 입력해 수없이 검색하면서 도피처를 만들고자 했다. 검색창 안에 던진 내 질문에 나와 비슷한 고통을 겪고 있는 사람들의 절규가 몇 페이지씩이나 쏟아졌다. 그 경험들이 아파서 그들의 고민이 오물처럼 여겨졌고, 네이버는 그 오물을 받아내는 변기 같았다. 부모님이나 선생님께 알리라는 네티즌들의 댓글을 보고 나는 용기 내서 4년 만에 부모님께 이 사실을 말했다.

그날 나를 제외한 가족 모두가 거실에 있는 갈색 가죽 소파에 앉아서 평화롭게 텔레비전을 보고 있었다. 그 평화를 깬 건 나였다. 오빠 눈치를 보면서 엄마에게 귓속말로 "오빠가 나 성폭행했어"라고 속삭였다. 엄마는 진짜냐고 몇 번씩 되물었고 아빠는 뭔가 낌새를 챘던지 무슨 일이냐고 물었다.

그날 엄마는 왜 처음부터 말하지 않았냐며 모두 내 잘못이라고 했다. 엄마는 내가 오빠를 꼬신 것이라고 했다. 나는 엄마에게 차마 오빠가 엄마를 죽여버린다고 협박해서 말하지 못했다고 하진 못했다. 그 사실을 알면 엄마 마음이 너무 아플 것 같았기 때문이다. 아빠는 오빠의 뺨을 때리면서 "네 여동생이다 개새끼야"라고 소리쳤다.

오빠의 강간은 그날 이후로 멈췄지만 내 인생도 고통으로 얼룩져 함께 멈춰버렸다. 학교에서는 반항했고 학업 성적은 떨어졌으며 엄마를 '저 여자'라고 부르기 시작했다. 아빠는 초등학교 6학년 때쯤 내가 목욕하는 모습을 훔쳐봤고, 밤에 내 방 침대에 자려고 누우면 오빠가 몰래 들어와 내 귀를 빨고 가슴을 만졌다. 분명히 내 몸이었고 내 방이었는데 내 마음대로 할 수 있는 것은 하나도 없었다. 가족들이 나를 사랑하지 않는다는 사실을 느낄 수 있었고 이 집에 내 편은 아무도 없다는 것이 몸서리쳐졌다.

아빠가 나에게 성적으로 나쁜 짓을 할 때마다 뭐 하느냐고 화내는 것 외에 내가 할 수 있는 반항은 없었다. 화조차 심하게 내지는 못했다. 그러다가 아빠한테 맞을 것이 뻔해 강간을 당하더라도 나는 '적당히' 화내야 했다. 말도 안 되는 상황에서도 '적당히'를 가르치는 세상이 미웠다. 참고로 말하자면 나는 엄마, 아빠, 오빠에게 상상할 수 없을 정도의 정서적 학대와 물리적 학대, 언어폭력을 일상처럼 당하면서 살아냈다.

그렇게 시간이 흘러 내가 열네 살이 되었을 때 나는 가출을 결행했다. 싫어하는 가족을 참고 살아왔던 감정이 터져 인터넷 카페에서 만난 사람들과 함께 집을 나갔다. 인터넷이든 뭐든 가족보다는 믿을 만했다. 부모님이 가출 신고를 해서 경찰서에도 여러 번 갔고 경찰 아저씨에게 "아빠랑 오빠가 저 성폭행하고 엄마가 아동학대 했어요"라고 말했지만 결국 내가 돌려보내진 곳은 그 가족들이 있는 집이었다. 왜 내 편이 없는 곳에 나를 보호한다는 명분으로 다시 나를 보내고 가두는지 이해할 수 없었다.

엄마는 내 입에서 성폭행이라는 단어가 나오면 창피하게 그런 말을 남들 앞에서 하냐며 나무랐고, 사실 그거 거짓말 아니냐며 나를 때렸다. 이해를 돕기 위해 때린 정도를 설명하자면 자고 있는 나의 뺨을 세게 후려치는 것을 시작으로 한 시간 넘게 팼다.

나중에야 알게 된 일인데, 오빠가 자기는 나를 성폭행한 적이 없다면서 억울하다고 유서를 남기고 집에서 목매달아 자살하려 했다고 한다. 나는 여러 밤을 내 손으로 내 목을 직접 조이면서 울었는데 오빠의 그 거짓말에 부모님이 넘어갔기 때문이다. 내 진짜 눈물은 아무도 알아주지 않는 반면 오빠의 망할 쇼에는 모두 속았다는 것이 분했다. 아니면 부모님이 그렇게 생각해야만 마음이 편해서 나를 거짓말쟁이로 몰아간 것인지도 모르겠다. 둘 중 어느 것이든 오빠가 지은 죗값을 내가 받게 되었다는 사실에는 변함이 없었다. 엄마는 나에게 정신병원에 입원할 것인지 필리핀으로 유학을 갈 것인지 선택하라 했고 나는 유학을 가겠다고 말했다. 가족들만 없다면 어디든 상관없었고 하루빨리 이 지옥에서 벗어나고 싶었다.

"도와주기는 힘들어"

원래는 필리핀에서 고등학교까지 마치고 미국에 있는 대학에 입학하는 것이 목표였지만 외국 생활이 힘든 나머지 1년 만에 한국으로 돌아왔다. 한 번도 경험해본 적 없는 나라에서 혼자 산다는 것은 생각보다 쉽지 않았다. 악마들이 있는 집에서 살 바에는 어디든 무슨 상관이냐고 여겼지만 다른 곳으로 도망가도 나는 적응하지 못했고 무엇 하나 분명히 못하는 내가 싫었다. 한국에 돌아와서 나는 다시 가출했다. 카카오스토리를 하다가 알게 된 오빠네 집에 친구와 함께 2주 정도 살았다.

그 친구는 교회에서 알게 된 아이였는데 내가 집을 나간다니까 걱정된다면서 나를 따라 나왔다. 친구에게 친오빠가 성폭행한 사실을 말하니 친구는 자기도 사촌 오빠에게 성폭행을 당했다고 했다. 그래서 나는 내가 당한 일들을 남들도 다 당하고 사는 줄로만 알았다. (다행히 가출하면서 큰일은 없었다.) 그런데 친구가 자기 엄마한테 내가 오빠에게 강간당한 이야기를 하는 바람에 친구 엄마는 그 사실을 우리 엄마에게 알렸고 엄마는 눈이 뒤집혔다. 엄마는 내가 미쳤다고, 동네 창피하게 오빠한테 성폭행 당했다는 거짓말을 하고 다닌다며 아빠와 힘을 합쳐 나를 때렸다.

사실 나는 다섯 살 무렵부터 가족들에게 자주 맞았다. 나중에 오빠한테 들은 이야기인데, 다섯 살인 나를 다리 네 개 달린 의자에 구겨넣고는 의자의 네모난 선을 넘으면 발로 흠씬 두들겨 패곤 했단다. 맞는 이유는 엄마의 설거지를 도와주려다가 그릇을 깨뜨려서 아니면 엄마 아빠의 기분이 좋지 않아서가 대부분이었다.

부모님의 기분이 좋지 않으면 나는 직감했다. "다 너 때문이야!"라면서 나를 때리리라는 것과 나는 최대한 안 아프게 맞을 마음의 준비를 해야 한다는 것. 그리고 억울하더라도 사람은 자기가 살기 위해 그 억울함을 받아들이고 생존 본능을 발휘해야 한다는 것.

열 살 무렵부터는 성적이 좋지 않아 평균 10점대의 답안지를 엄마에게 보여주면 자다가도 깨어서 뺨과 몸 이곳저곳을 두 시간가량 맞곤 했다. 오빠의 강간 사실을 말한 그날도 아빠는 쇠파이프로 나를 때려 허벅지에 시퍼렇게 커다란 멍 자국이 나게 만들었다. 뺨도 세게 때렸는데 눈 밑에 작은 멍이 들 정도였다.

그날 부모님은 나에게 정신병원에 입원하겠냐고 물었다. 나는 이렇게 맞다가는 죽을지도 모르겠다 싶어 정신병원에 입원하겠다고 말했다. 그렇게 나는 청소년 병동이 있는 정신병원에 입원했다. 사유는 가출이었다. 정신병원에는 고아원에 있다가 말을 듣지 않는다는 이유로 쫓겨난 여덟 살쯤 된 어린이도 있었고 엄마를 칼로 찔러서 온 열다섯 살 동갑 친구, 휴대전화를 훔치고 학교 폭력으로 교도소에 갔다가 나온 열아홉 살 언니도 있었다. 또 어떤 오빠는 2년 동안 입원 중이라고 했는데 만기가 6개월인 병원에서 입원과 퇴원을 네 번 반복했다고 했다.

나는 평생 나를 정신병원에 입원시키겠다는 엄마의 말이 두려워 주치의 선생님께 아빠가 성폭행한다는 사실을 말하며 도움을 요청했다. 그러나 선생님의 대답은 아빠가 그 사실을 부정해서 도와주기 힘들다는 말뿐이었다.

전에도 비슷한 경험이 있었다. 시험 성적이 안 좋은 성적표를 부모님께 보여드리고 사인을 해달라고 하면 때려서 이튿날 등교 후 엄마에게 맞았다고 말하며 복도에 앉아 엉엉 울었지만 도움의 손길은 없었다. 하루는 초등학교 양호 선생님에게 엄마가 이빨로 내 배를 문 자국을 보여주었다. 놀랍게도 결과는 늘 같았다. 선생님도 경찰 아저씨도 의사 선생님도, 그러니까 내가 도움을 요청할 수 있는 웬만한 어른들은 늘 나를 돕지 않고 부정했다.

나는 남들과 다른 일반적이지 않은 아이여서 누구든 나와 엮이면 좋을 게 없는 사람이었다. 귀찮고 성가신 아이였다. 그래도 나는 죽지 않고 버텼다. 이날들만 지나면 지금보다 행복한 날들이 기다리고 있을 것 같았기 때문이다. 그런 이유로 이 악물고 쓰러지지 않으려 애썼다.

오빠에서 아빠로

정신병원에서 나는 3개월 만에 퇴원해도 좋다는 진단을 받고 나왔다. 다시는 입원하고 싶지 않아 최대한 부모님 마음에 들기 위해 노력했다. 부모님에게는 눈에 안 거슬리고 순종해야 착한 아이였다. 곧바로 검정고시를 준비하는 미술학교 기숙사로 들어갔다. 중학교 검정고시에 합격하고 ○○고등학교 실기대회 풍경수채화 부문에서 특선으로 뽑혔다. 이후 특성화 고등학교에 합격해서 선도부도 하고 모범 친구상까지 받자 부모님의 폭력은 사라졌고 나에게 잘 대해주셨다.

내가 잘하니까 나를 사랑하셨다. 그건 정말 사랑이었을까? 이로써 나는 인생의 암흑기를 지났다고 생각했다. 하지만 일은 내가 열여덟 살이던 해에 일어나고 말았다. 배가 너무 아파서 동네 병원에 갔더니 의사가 맹장이 터진 것 같다며 대학병원으로 가라고 했다. 부모님께 말하고 아빠와 함께 대학병원에 갔는데 진단 결과 맹장이 아니라고 했다.

아빠는 나를 불러내더니 내가 성병에 걸렸다며, 지금까지 몇 명의 남자와 몇 번의 관계를 가졌느냐고 물었다. 나는 너무 무서워서 솔직하게 털어놨는데 아빠가 말하길 이 사실을 엄마가 알면 너를 또 정신병원에 입원시킬 테니 이 일은 우리만의 비밀로 하자고 했다. 나는 다시 그 지옥 같은 나날 속으로 들어가는 것이 죽는 것보다 싫었다. 그래서 알겠다고 대답했다. 나중에 밝혀지는데 내 병명은 성병이 아니라 단순한 복부의 양성종양이었다.

아빠는 성관계가 하고 싶으면 자기한테 말하라 했고, 자신과 관계를 갖자고 했다. 그러고는 질염제를 넣어야 한다며 내게 옷을 벗으라고 강요했다. 하루는 아빠 사무실에 갔는데 성병이 생기면 음부에서 냄새가 나니까 맡아봐야 한다면서 물티슈로 내 음부를 여러 번 닦고는 냄새 맡는 척하며 음부를 빨았다. 그러면서 내게 "제발 한 번만 하게 해줘"라고 말했다. 나는 당황한 기색을 보이지 않았다. 여기서 내가 어쩔 줄 몰라하거나 싫은 티를 내 아빠의 심기를 건드렸다가는 죽을 정도로 맞거나 정신병원에 입원당하거나 또 지옥 같은 삶의 굴레 속으로 들어가거나 할 게 뻔했기 때문이다. 더는 그렇게 살고 싶지 않았다. 나도 사람이기에 사람답게 살고 싶었다.

아빠에게는 자연스러운 태도로 집까지는 걸어서 가겠다고 하고 그 상황에서 빠져나왔다. 사람은 침착해야만 살아남을 수 있다는 것을 느낌으로 배웠다.

아빠 사무실에서 집으로 가는 길에 나는 이제는 죽는 것밖에는 답이 없다고 생각했다. 그때가 처음으로 내 의지로 죽어야겠다는 결론을 내렸을 때다. 노력한다고 될 문제가 아니었다. 사람들은 노력하면 다 이

룰 수 있다고 말하지만 노력해도 안 되는 일이 있었고 남들한테는 일상인 것이 나에게는 발버둥 쳐도 안 되는 일이었다. 10년간의 폭력을 참아냈고 억울해도 받아들였으며 내가 누릴 수 있는 것에 감사하면서 살기 위해 온 힘을 기울였다.

아빠의 미심쩍은 행동들이 이젠 확실해졌고 엄마는 내 얘기를 안 믿을 것이 뻔할 뿐 아니라 아무도 나를 도와주지 않으리라고 확신했다. 며칠 후 다 포기하고 죽겠다는 생각으로 고등학교 같은 반 친구에게 어렵게 말을 꺼냈다. "진아야, 아빠가 나랑 자고 싶어해." 친구는 예상치 못한 내 말에 충격을 받았던지 잠시 아무 말 하지 않았고, 며칠 뒤 나를 ○○센터에 데려갔다. 도와주지 않을 거라며 나는 가고 싶지 않다고 말했지만, 상담만 받으러 가보자며 친구는 나를 설득했다.

그리고 그 뒤로 지금까지 4년 동안 집에 들어가지 않았다. 집은 위험하다는 경찰 언니의 말 때문이었다. 나를 집으로 보내지 않았고 쉼터에 연계해줬다. 열여덟 살 때부터 스무 살 때까지 2년 동안 그곳에서 살았고 쉼터 선생님들의 도움으로 아빠를 신고했다. 아빠는 다행히 유죄를 확정받고 4년 형을 선고받았다. 스무 살이 되자 나는 부모 없는 애라고 무시당하기 싫어서 열심히 살았다. 지금은 혼자 힘으로 자취하는 중이다.

이 글을 쓰는 시점에서 3주 전쯤 4년 만에 엄마에게 문자를 보내봤는데, 아빠가 감옥에 간 충격이 컸던지 내게 귀신 들린 년이라면서 귀신 떼고 싶으면 교회로 가라고, 너는 내 딸이 아니라 사탄이고 악마고 마귀라고 말했다. 동생한테도 문자를 보내봤지만 누나를 사칭하지 말라면서 나를 피했다.

그동안 시간이 많이 흘러 가족들이 변했을 거라고 착각했다. 아니, 그렇게 믿고 싶었다. 그냥 자신들의 잘못만 인정해주길 바랐다. 내가 사랑하는 사람에게 나도 사랑받고 싶었으니까. 더도 덜도 말고 남들만큼만 행복하게 사랑받으면서 살고 싶었다. 그런데 운명인지 신의 뜻인지 모르게 내 인생은 좀처럼 내 마음대로 되지 않았다. 삶은 나를 더 나락으로 떨어뜨렸고 내가 살면 살수록 나를 더 비참하게 만들었다.

매일매일 죽고 싶었지만 차마 죽는 것이 사는 것보다 더 어려워서 목숨줄 부여잡고 겨우 살았다. 오빠나 아빠가 벌을 받길 바랐지만, 오히려 가장 힘들게 사는 건 나였다. 막상 잘못한 사람들은 서로 뭉쳐 나를 험담하며 잘 살고 있는데 나는 피해자라는 이름을 달고도 모든 것을 책임진 채 혼자 힘으로 살아야 했으니까. 홀로 살 곳을 만들고 거주지를 지키는 것은 생각보다 힘들었으니까.

가족들은 아빠가 감옥에 간 후에도 내 말을 믿지 않았고 나에게 조금도 미안해하지 않았다. 법원 홈페이지에서 아빠의 사건 번호를 검색하면 성폭행이라는 죄목이 확인되는데도 엄마는 아빠가 주식 투자를 잘못해 감옥에 간 거라고, 아빠가 반론을 제대로 하지 못했던 건 주식으로 잃은 돈이 너무 커서 그 충격을 받아 그런 거라고 말했다.

그들이 진심으로 내게 사과하고 반성한다면 다 잊고 다른 가족들처럼 살아갈 자신도 있었지만, 현실은 그렇게 호락호락하지 않았다. 오히려 나를 더 깊은 슬픔의 늪으로 끌어당기기만 했다. 살면서 가끔 행복할 때도 있었지만 절망으로 떨어지는 건 한순간이었다. 삶이란 태어난 죄에 대해 내게 내려진 형벌 같다는 생각이 든다. 사람들은 모두 갖는데 왜 나만 가질 수 없는 평화인지, 나만 이런 일을 겪는 건지 몰라 현실을 받아들이기가 힘들었다.

지금도 매일 하루하루를 버티고 있다. 외로우면 어떻게든 사람을 만나고 죽을 것 같으면 클럽에라도 가서 논다. 무엇으로도 마음이 채워지지는 않지만 외로움보다는 나를 더 살게 만드는 허무함이 차라리 낫다. 이렇게 살다보면 언젠가 가족들을 만났을 때 내가 맞지 않고 당당할 수 있는 날이 올지 궁금하다. 내가 포기하지 않고 할 일을 하면서 절제하고 살면 언젠가 내게도 화목하고 행복한 가정이 주어질까?

하루에도 몇 번씩 우울해지고 죽고 싶다는 생각이 드는 게 벌써 4년째인데 그럼에도 산다면 정말 살아질까. 나는 많은 것을 묻고 싶지만,

정답이 없다는 것은 알고 있다. 누구에게도 질문할 수 없는 나만의 삶의 굴레를 언젠가는 풀어내는 날이 내게도 올까.

언젠가 오빠와 엄마가 정말 죗값을 받게 되는 날이 찾아올까. 세상은 정말 공평한가. 그렇다면 누구나 나만큼의 삶의 무게는 가지고 이 정도의 아픔은 짊어지며 그럼에도 불구하고 살아가는 걸까. 어떻게 살아야 하는 것인지 알 수가 없다. 그저 누군가 나를 이 지옥에서 꺼내줬으면 하는 바람뿐인데 그게 죽음밖에는 없는 듯해 나는 다시 인생의 바닥으로, 고꾸라질 것만 같다.

스무 살 때 여러 차례 자살 시도를 했다. 쉼터에서 나오고 자취방에서 술을 마시다가 칼로 팔을 그었다. 이제 정말 세상에 나 혼자뿐이라는 실감이 나서 무서웠다. 내가 죽어도 시간이 한참 지난 후에야 누군가 나의 죽음을 알아줄 것이라는 현실이 무서웠다. 팔을 깊게 긋지는 못했지만 웬만큼 하면 속이 후련해져서 그었다. 내 팔이 만신창이면 누군가가 괜찮냐고 말이라도 걸어줄까 싶어서 그랬다. 물론 나에게 관심 있는 사람은 아무도 없었다.

쉼터 선생님의 권유로 정신과에 갔는데 트라우마로 인한 조울증이라는 진단명이 나왔다. 처방받은 일주일 치 약을 술과 함께 한입에 털어넣었지만 죽지 않았다. 어떻게든 죽음은 내 삶 가까이에 있었지만 모순적이게도 늘 나를 비켜갔다.

살아 있다고 모두 아름다운 것은 아니다. 감정이 죽어 있는 날은 고통스럽다. 죽음을 앞두고는 편안히 눈을 감을 수 있을 것 같다는 생각이 들면 비로소 조금 편안해졌다.

내 시계는 오빠가 나를 처음 강간했던 여덟 살 여름날에 멈춰 있다. 흘러가는 시간 속에서도 나는 다시 그때로 되돌려진다. 나는 거기에 그대로 있는데 시간이 나를 등지고 멀리 먼저 가버린다. 노력해서 아물 수 있는 상처라고 생각했지만, 익숙해지고 무뎌져야 하는 평생 과제였다. 지금은 죽고 싶다는 생각과 살고 싶다는 생각이 번갈아 들면서 나를 지배하고 있다.

나는 아마 남들에게 희망을 주는 사람은 되지 못할 수도 있다. 하지만 아무도 알고 싶어하지 않는 내 이야기가 누군가에게 위로가 된다면 기꺼이 들려주고 싶다. 그리고 나도 위로받고 싶다. 언젠가 이 이야기가 내 가족들에게도 전해지길 바라며 오늘도 나는 하루를 살아낸다.

"엄마를 상상하는 일은 언제나 아파"

나는 오늘도 생존했다.

정확히 표현하자면 고통 속에서 아직까지 삶을 지연시키는 중이다.

이 지옥 같은 고통은 표현할 수 없을뿐더러 표현할수록 나와 내 주위 사람들을 힘들게 한다. 언제쯤 이 고통에서 자유로워질 수 있을지, 이 고통의 끝은 정말 죽음뿐인지 나 스스로에게 끊임없는 물음표를 던진다.

나는 종종 엄마를 상상한다. 나에게 차갑게 대하는 엄마, 또는 내가 상상만 해도 행복해지는, 나에게 따뜻하게 대하는 엄마. 엄마를 상상하는 일은 언제나 지루하지 않았고 아프며 슬펐다.

하루는 엄마에게 사랑한다는 말 한번 듣지 못한 것에 의구심이 들어 조심스레 물어봤다. "엄마 나 사랑해?" 엄마는 "당연하지"라고 답했다. 그때 엄마는 정말 좋은 사람이고 천사 같았다. 하지만 엄마는 천사가 아니었다. 매일 이유 없이 엄마의 기분에 따라 개처럼 맞아도 엄마의 사랑한다는 그 한마디에 좋아하는 내가 한심했다.

열여덟 살 때의 내가 아빠에게 성폭행을 당했을 때 엄마는 내 말을 믿지 않고 비웃었다. 아빠한테 "네가 성폭행했다고 얘가 그러는데?" 하면서 나를 조롱했다. 오빠 때도 아빠 때도 엄마는 나를 거짓말쟁이로 몰아갔지만 나는 엄마가 모든 사실을 인정하는 순간 자신이 몹시 불행한 사람임이 드러나는 것이 두려워 약한 나를 공격한 것임을 알고 있다.

사실 내가 태어남으로 인해서 엄마는 너무나 불쌍한 사람이 되어버린 것이다. 사랑하는 남편은 딸을 강간하고 사랑하는 아들은 여동생을 강간한 꼴이니 여기서 나만 사랑하지 않으면 모든 것은 완벽해졌다. 그럼에도 불구하고 나는 엄마가 나를 사랑해주길 갈구했다. 바랄 수 없는 일을 바라면 늘 그 허무함의 화살은 내게 돌아왔다. 그렇게 아빠가 감옥에 가고 엄마와 연락하지 않은 지도 몇 년이 되어간다.

이젠 엄마가 무서워서 내 쪽에서 먼저 연락하지 않는다. 나를 때리고 내게 모진 말을 내뱉고 나를 사랑하지 않는 엄마를 느껴버릴까봐 두려워 연락할 수가 없다. 내가 현명한 사람이라면 10년쯤 후에나 엄마한테 연락하게 되겠지. 하지만 엄마가 나를 사랑하는 방식이 서툰 것이라고 생각하면서 나는 오늘도 엄마를 상상한다.

엄마를 상상하는 일은 언제나 새롭게 아프다.

언젠가 나는 추억할 무언가가 있다는 것은 축복일까 저주일까 깊게 생각해본 적이 있다. 기억할 무언가가 없는 이들은 추억을 신의 선물이라고 하지만 내게는 끊임없이 따라붙는 되돌이표 같은 상처라고 여겨졌기 때문이다. 그리워할 추억이나 대상이 없으면 미워하는 일이 더 쉽다. 하지만 미워해야 할 무언가에 대하여 좋았던 기억이 있으면 그마저 어려워지는 것이다. 미워하려 할수록 좋았던 기억이 떠올라서 원망을 지연시킨다. 사람 마음이 그렇게 약한 것인가보다. 아무리 강하게 마음먹고 다잡아도 추억이 있으면 원망을 점점 더 지연시킨다. 아마 사랑받은 기억들과 현실이 다르다는 것을 부정하는 게 어려워서 그런 것이겠지. 나는 이렇게 결론 내렸다.

추억이 있으면 있는 대로, 없으면 없는 대로 그냥 살면 된다. 신의 저주이니 축복이니 말하지만 어차피 그것은 사는 데 크게 중요하지 않다. 그것이 신의 축복이건 저주이건 살아가는 데 지장 없게 만드는 게 중요하고 그건 내가 아픈 과거에 연연하지 않고 잘 살아가기 위해 져야 하는 의무 같은 것이다. 한마디로 누구를 원망하지 말고 현실을 받아들이며 나아가야 한다는 말이다.

때론 내가 글을 쓰거나 말을 하면서 무엇을 말하려는 건지 나조차 헷갈린다. 외롭고 싶진 않은데 마음속에 하고자 하는 말은 많고 그게 정리되어 있지 않다. 사람을 만날 때도 마찬가지다. 누군가와 함께 있으면 생각을 정리하고 말하는 것이 중요하지만 난 언제 또 느낄지 모를 사람의 온기에 조금이라도 더 빨리 파묻히고 싶어한다. 그래서 나는 사람들에게 서툴렀고 부족했다. 해도 되는 말, 안 되는 말을 구분하지 못했고 사랑해달라고 떼쓰면서 부담을 줬다. 엄마는 이런 나를 정신 사나운 애라고 불렀지. 나이를 조금 먹고 생각해보니 아주 어렸을 때는 이해하지 못했던 일들이 이제야 이해된다.

비록 가족들이 한 행동은 나를 파괴했지만 그들의 모든 점을 미워하고 싶지는 않다. (나쁘고 악한 기억 말고) 좋은 기억은 그대로 놔두고, 존경할 만한 점도 놔둔 채 그나마 찬란했던 순간들만 간직하면서 기억의 냉장고를 닫아버리고 싶다. 그리고 생각날 때마다 사라지지 않을 기억의 양식들을 꺼내 먹는 것이다.

나는 고시원에서 첫 자취를 시작했다. 열아홉 살 때부터 학교에 다니면서 아르바이트를 해 모은 돈이 있었지만 월세 보증금으로는 턱없이 부족해 갈 만한 곳은 고시원밖에 없었다. 남녀 공용이었던 화장실에는 문을 잠그는 기능도 없는 오래된 문짝이 달려 있을 만큼 시설이 낙후됐지만, 월 20만 원에 고시원에서 제공하는 라면과 밥도 무료로 먹을 수 있어 그럭저럭 지낼 만했다.

사람은 배가 너무 고프면 감각이 둔해져서 자신이 배가 고픈 줄도 모르게 된다. 나는 생활비를 아껴야 해 곧잘 끼니를 걸렀는데 그러다 보니 배고픔의 감각에 익숙해져서 허기의 고통을 견디는 법을 익혔다. 이성을 마비시키고 어차피 굶주린 배를 채울 순 없다는 사실을 받아들이는 것. 고통을 견디는 법은 '사실 자각'과 '받아들임'에서 시작되고 끝난다.

모든 고통이 그러하듯 허기의 고통도 지나가고 또다시 찾아오게 마련이다. 이러한 반복 속에서 올곧게 살아가려고 노력하다보면 적어도 죽을 때는 부끄럽지 않을 수 있겠다고 생각했다. 내게서 고통을 완전히 떠나보내지는 못하더라도 조금이라도 '덜한 고통' 속에서 살아가는 것. 그건 돈이 없어도 내가 할 수 있는 정직과 최선의 선택이라고 여겨졌다.

언젠가 막차 시간에 2호선 지하철역 안에 앉아서 먼지 쌓인 노트북 키보드를 바라보며 한숨을 턱턱 내뱉었다. 현실에 수긍했다가 다시 수긍하지 못하고, 주어진 것에 감사하다가 다시 무언가를 더 바라기도 하는 사람. 나는 극과 극 사이에서 오가며 하루하루 살아갔다. 내 하루의 색깔을 어린아이처럼 순수하고 밝은 색으로 칠했다가 다시 나락으로 쿵 하고 떨어지는 어두운 색으로 덧칠했다.

구약성경 「잠언」 4장 19절 말씀. "악인들은 스스로 걸려 넘어진 길이 어둠인 줄도 모른다." 내가 점점 어둠의 길로 가고 있다는 생각이 든다.

나에게 마음껏 상처 주기

스무 살 때의 이야기다. 매일 새벽 6시에 일어나 오전 8시부터 오후 4시까지는 어린이 영어학원에서 보조교사로 일했다. 저녁에는 레스토랑에서 밤 10시까지 일했다. 주말에는 12시간 가까이 레스토랑에서 아르바이트를 했다. 한마디로 쉬는 날이 없었지만 그래도 혼자 있는 것보다는 나았고, 힘들어서 괴로운 것이 외로운 것보다는 나았다.

문제는 그렇게 일을 해도 밤에 잠이 안 와 괴로웠다는 것이다. 피곤하면 곧바로 잠들어 외로움이 밀어내질까봐 그렇게 했지만 나는 한 번도 편하게 잠들지 못했다. 당시 살았던 고시원은 클럽과 가까워 걸어갈 만한 거리였다. 같이 갈 친구도 없었던 나는 심심하고 외로워서 잠이 안 오면 혼자 고시원에서 술을 마시다가 클럽으로 갔다. 여자라는 이유로 클럽 입장료는 무료였는데, 혼자서 울고 있는 것보다는 술에 취해 모르는 사람들과 웃고 노는 것이 나았다. 클럽에 가면 늘 처음 만난 남자와 잠자리를 가졌다. 이유는 섹스할 때 상대방이 나에게 집중하고 있다는 사실이 좋았고, 그 순간만큼은 적어도 혼자가 아니라는 사실에 안도할 수 있었기 때문이다. 그때는 그것이 외로움을 극복하는 유일한 방법이었다.

밤을 그렇게 보내고 나면 이튿날 아침에는 반드시 후회했다. 그렇게 한 달 정도 고시원에서 살았을 무렵, 어느 날 누워서 생각했다. '이렇게 살 바엔 몸을 팔면 돈을 많이 벌 수 있지 않을까?'

이런 생각을 하기까지의 과정은 이러했다.

나는 열여덟 살에 집을 나왔고 그 후로 부모님은 내 보험료, 휴대전화 통신비 지원을 모두 끊었다. 그래서 당시 보호받았던 센터 공용 전화기로 아르바이트를 구했다. 그런데 알바천국이나 사람인에 올려놓은 내 이력서 사진을 보고 대화 카페라는 유흥업소에서 센터 공용 전화기로 연락해 같이 일하고 싶다는 제안을 많이 했다. 그때 쉼터 담당 선생님이 내게 성매매는 절대 해서는 안 된다고 얘기했던 기억이 난다.

그런 연락은 집을 나가기 전부터 받았는데, 금전적인 여유가 있을 때는 불쾌했던 유흥업소의 제안이 경제적으로 어려워지자 솔깃하게 들렸다. 그동안 밥 사 먹을 돈이 충분치 않아 굶었고 교통비 아끼려고 웬만한 거리는 걸어다녔다. 악착같이 살아남으려 노력했지만, 아무 도움 없이 혼자 힘으로 산다는 건 버거웠다. 스무 살의 나는 세상일에 대해서 잘 알지는 못했지만 살려면 최소한의 돈이 필요하다는 사실만큼은 확실히 알았다. 그런데 나에게는 그 최소한이 없었다.

심지어 집을 나가기 전부터 받고 있던 치아교정을 하기 위해 본가 근처에 있는 치과에서 부모님이 모르는 치과로 옮겨야 했고, 그러면서 갚아야 할 교정 비용 500만 원이 생겼다. 한마디로 열여덟 살 때부터 내 자산은 마이너스였다. 그 모든 경제적인 고립과 나를 휘감아드는 외로움이 큰 부담이 되었다. 그래서 몸을 팔면 많은 돈을 벌 수 있을 거라는 생각을 하게 되었고, 많은 돈을 벌면 내가 지금보다 행복해질 거라는 기대를 하게 되었다.

원래 사람은 자기가 겪은 것 외에는 생각하기 어렵듯이 배고픈 것과 돈 없는 것만 생각한 나는 배부르고 경제력이 생기면 기분과 마음이 더 나아질 것이라 기대했다. 그래서 구글에 '유흥업소 알바'라고 검색했다. 많은 사이트가 떴고 유흥업소와 관련된 일자리만 전문적으로 게시해놓은 사이트도 있었다.

충격적이었던 것은 한 시간에 10만 원을 벌 수 있다는 구인 광고였다. 내가 하루에 12시간을 일해도 벌 수 없는 돈을 한 시간 만에 벌 수 있다는 사실이 놀라워 많이 고민했다. 내가 이 일을 하게 되면 다신 돌아올 수 없는 길을 건너는 것이었다.

나는 나를 잡아줄 누군가가 없다는 사실을 알았다. 가족이 없었고 친구가 많은 것도 아니며 일할 때를 제외하고 대부분의 시간을 혼자서 보내왔던 나는 이제 성인이기 때문에 내 일은 내가 책임져야 한다는 것도 알고 있었다. 이제부터 내가 살아가야 하는 이곳에서 대부분의 사람은 나를 도와주지 않을 것이고, 학교가 아니기 때문에 누군가에게 보호받을 수도 없으니 정신 똑바로 차리고 살아야 한다고 생각했다.

하지만 너무 힘들었다. 악착같이 바른길로만 가야 하고 배가 고파도 돈이 없으면 굶어야 하는 건데, 세상은 그걸 정직하다고 평가하는데, 나도 사람답게 살고 싶었다. 쉬고 싶은데 내가 쉬면 잘 곳이 없어지고, 내가 운다고 누가 일으켜주지도 않았다. 외로워서 차라리 그냥 쓰러지고 싶었다.

구글에서 검색한 유흥업소 중 그나마 신뢰 가는 업체에 전화해 일할 수 있느냐고 물었다. 바로 면접이 잡혀 나는 당시 근무했던 학원에 출근하지 않고 유흥업소로 갔다. 2호선 지하철을 타고 가는 그 길이 나를 죽이러 가는 길임을 알고 있었다. 세상이 무서웠지만 살기 위해서는 세상에 내 몸을 주저 없이 던져야만 했다. 약속 장소에 도착하니 면접을 치르는 아저씨가 나를 한 오피스텔로 데려갔다. 오피스텔 안에는 침대가 있고 빨래 건조대에 수건이 여러 장 걸려 있었다. 처음 보는 환경에 좀 불안했다.

아저씨는 나한테 이런 일을 해본 적이 있는지 물었고 나는 처음이라고 답했다. 손님들을 상대로 성관계를 갖는 일인데 한 시간에 10만 원을 벌 수 있고, 콘돔은 반드시 쓴다고 했다. 또 말이 한 시간이지 관계는 그 전에 끝나고 돈은 원하는 만큼 벌 수 있다고 덧붙였다. 그날 마침 생리 중이었는데 그래도 일할 수 있냐고 물었더니 그러면 손님들한테 "오빠 나 생리하는 줄 몰랐는데 지금 터졌나봐. 미안해"라고 말하라고 가르쳐줬다. 그렇게 나는 면접 본 날 두 명의 손님과 관계를 가졌고 돈을 받았다. 성매매를 한 것이다.

그런데 나한테 일을 가르쳐준 아저씨도 나에게 돈을 주며 관계를 갖고 싶다고 말했다. 그래서 그와도 관계를 가졌다. 누구라도 상관없다고 생각했다.

그날 이후로 나는 괴물이 된 느낌이었다. 나는 사람이 아니었다. 어렸을 때부터 나만 사람이 아닌 것 같았다. 친구들은 밝고 감정이 따뜻해 보였는데 나만 늘 아무것도 아니었다. 사실 죽고 싶어서 성매매를 했는지도 모르겠다. 죽을 만큼 힘들어도 절대 하고 싶지 않았던 일. 만약 하게 된다면 괴로워서 죽을 수도 있을 것 같던 일. 확실한 자살 시도.

그렇게 이튿날에도 '오피'라는 유흥업소에 돈을 벌러 출근했다. 문자로 주소를 보내오면 그곳으로 가서 손님을 받는 식이었다. 그 장소가 오피스텔이었고 그래서 업종 이름이 오피인 듯했다. 전날처럼 성매매를 하고 세 번째 손님을 받았는데 그는 아빠보다도 나이가 많아 보였다. 무서워서 관계를 하기 싫었지만 어차피 돌아갈 곳도 없었기에 그만두지 못했다. 포기하고 돌아간다는 것, 잘못한 걸 반성한다는 것도 곁에 누가 있을 때나 할 수 있는 일이었다. 혈혈단신인 사람에게는 그마저 아무 의미가 없다.

나를 죽이고 싶었다. 정말 싫고 괴로웠는데 그런 감정을 느끼다보면 제풀에 꺾여 힘들어서 죽어버리겠지 하고 생각했다. 죽음은 나에게 있어 삶을 끝마칠 수 있는 희망 같은 거였다. 내 삶의 유일한 탈출구였다.

관계를 갖다가 결국 참지 못하고 울면서 손님에게 죄송하다고 말했다. 못 하겠다고, 죄송한데 정말 더 이상은 못 하겠다고 울면서 애원했다. 곧 관리하는 아저씨한테 이 일을 그만두려 한다고 하자 그가 젊은 손님이 들어왔으니 이번 한 번만 받고 퇴근하면 안 되겠냐고 물었다. 나는 알겠다고 했다. 왜냐하면 그날 죽으려고 결심했기 때문이다. 더 힘들면 내가 죽을 수 있는 확률도 더 높아진다. 뭐든 확실한 게 좋았다. 살아본다고 애썼지만 감당할 수 없는 무게였다. 젊은 손님을 받았고 그에게 이렇게 말했다.

"안녕 오빠. 난 사실 친오빠랑 아빠한테 성폭행을 당했어. 그리고 빚이 있어서 갚고 돈을 벌려고 이 일을 하게 됐는데 오늘 오빠랑 섹스하고 자살할 거야. 너무 힘들어서 못 살겠거든. 그러니까 우리 얼른 자자. 난 이제 곧 죽을 거기 때문에 나를 마음껏 상처 줘도 돼."

젊은 손님은 충격을 받은 듯했다. 이내 휴대전화로 통장 잔고를 보여주면서 자기가 사실 주식을 해서 돈이 많다고, 스폰을 해보고 싶었는데 한번 받아보지 않겠냐고 했다. 그의 말로는 50억 원이 있다고 했다. 나는 알겠다고 답했다. 어차피 죽을 거 뭘 해도 상관없었으니까. 그리고 혹시라도 살고 싶어질지 모르겠다는 실낱같은 희망 때문에. 인신매매였을 수도 있고 위험한 일이었지만 지금 내 기분이나 감정보다는 덜 위태로워 보였다. 그리고 무엇보다 나는 내가 죽어도 괜찮다고 생각했다.

그렇게 오피를 그만두고 스폰을 받게 되었다. 3주 동안 만나고 데이트하면서 그는 나한테 거의 2000만 원을 썼다. 현금으로 1000만 원 정도 줬고 고시원에서 오피스텔로 이사시켜주면서 내 명의로 보증금 500만 원과 생활하는 데 필요한 가구들을 사주었다. 백화점에서 사 준 원피스 한 벌이 80만 원이었던 게 기억난다. 누군가에게는 모든 걸 팔아서라도 갖고자 했던 돈이 다른 누군가에겐 아무것도 아니었다.

타인이 나에게 관심을 갖고, 나에게 시간과 돈을 투자한다는 사실이 나를 살아도 되는 가치 있는 사람으로 느끼게 해주었다. 사랑받고 있다는 착각이 들게 해줬으니까. 무엇보다 그 3주 동안 혼자가 아니라는 사실이 가장 좋았다. 그리고 3주 뒤 그에게 여자친구가 생겨서 스폰서 관계는 끊어졌다.

벗어나려는 몸부림

다시 혼자가 돼서 외로웠지만 다행인 점은 힘들어하고 울어도 버틸 수 있는 자금이 있기 때문에 슬퍼해도 된다는 것이었다. 슬퍼할 수 있는 것도 환경이 뒷받침되어야 가능한 세상이었다. 그렇게 다시 집에서 혼자 술을 마셨고 자해를 했고 죽고 싶었다. 내 팔을 보고서 아무도 나에게 괜찮냐고 물어보지 않았기에 내가 살아야 하는 세상이 얼마나 무심한 곳인지 느낄 수 있었다. 더 독해져야겠다고 마음먹었다.

2주쯤 흘려보내고 다시 일어나보려고 안간힘을 썼다. 힘들어도 죽어버리는 것은 안 되고, 어떻게든 살아야겠다는 인간의 의지나 본능 같은 것이 생겼다. 그런 와중에 나를 진심으로 사랑해주는 남자친구를 만나게 됐고 1년 반 동안 교제하면서 그는 내가 나쁜 길로 들어서지 않고 회사에 잘 다니도록 옆에서 격려해주었다.

그 시기에는 1년 넘게 콜센터(고객지원센터)에서 근무하면서 다른 일도 배우고 싶어 영업과 온라인 마케팅을 공부했고, 남자친구의 도움으로 블로그에 글도 썼으며, 간호조무사 학원에 등록까지 해 공부했다. 하지만 콜센터 근무는 무척 힘들었다. 내가 마치 사람들의 분노를 받아내는 변기통이 된 기분이었다. 전국 곳곳에서 전화를 걸어온 이들을 응대하느라 전화받는 것조차 무서웠던 날도 있고, 말을 해야 하는데 입 밖으로 아무 소리도 안 나와 울어버린 날도 있었다. 나는 점점 메말라갔다. 정신건강의학과에서 우울증과 조울증이라는 진단을 받아 약을 복용했지만 점점 수렁에 빠졌다. 웃을 수도 없고 울 수도 없는 나날의 연속이었다. 나아지고 싶었고 매일 살고 싶었지만 점점 죽어가는 느낌이었다.

직장 동료들이 나를 안쓰럽게 여기고 걱정해주었다. 일이 많이 힘드냐며, 요즘 안 좋은 일 있냐며 염려하는 기색을 내비쳤다. 하지만 남들은 다 견뎌내는 업무를 혼자서 힘들다고 할 순 없어 입을 열지 못했다. 때로는 처음 본 낯선 사람에게 모든 걸 털어놓고 싶었다. 나도 콜센터 고객들처럼 누군가에게 다 비워내고 싶었던 것이다.

당시 어딘가로 돌아가고 싶었는데 그럴 곳이 없었다. 그저 지금 서 있는 이곳이 내가 있을 곳이었고, 나 스스로 살 곳을 만들어야 했다. 왜 사는지, 무엇이 옳고 그른지, 왜 모든 것은 당연하게 돌아가는지에 대해 침묵하는 삶을 살자 나는 마치 로봇이 된 것 같았다. 어느 날에는 죄책감이 물밀듯 밀려왔다. 내 죄가 많아 사는 게 이렇게 고통스러운 거라고, 나는 지금 삶이라는 벌을 받고 있는 거라고 생각했다. 그렇게 하지 않으면 도저히 설명되지 않았으니까.

콜센터에 근무할 때 고용노동부에서 발급받았던 근로자 내일배움카드로 수강할 수 있는 것 중 간호조무사 자격증 취득 과정도 있었다. 원래는 셈에 밝아 회계사에 도전해보고 싶었지만, 학창 시절 정신병원 입원과 아버지의 성폭행 가해로 재판까지 치르느라 수학적 기초가 전혀 없었다. 다른 한편 작가가 되고 싶은 꿈도 있었다. 꾸미지 않은 나 자신을 세상에 보여주고 싶었고, 내가 겪은 일이 결코 거짓이 아님을 가족과 다른 성폭력 생존자들에게 알리고도 싶었다. 나를 포함한 성폭력 생존자들에게 죽지 말고 살아달라고 애원하고 싶었다. 하지만 그러기에는 물질적 토대나 재능이 부족했다.

콜센터에서의 근무 경험으로 깨달은 점은 누구나 할 수 있는 일을 하면 사람대접을 못 받는다는 것이었다. 그래서 택한 것이 간호조무사였다. 간호사가 돼야겠다고 마음먹지 못한 것은 대학에 들어갈 여력과 자본이 없었기 때문이다. 반면 간호조무사는 내일배움카드로 1년 동안 학원에 다니면 자격시험을 치를 수 있다. 전액 지원은 아니지만 1년치 학원비를 국가에서 얼마쯤 부담해준다면 도전해볼 만했다.

1년간 진행되는 첫 번째 교육에서는 100만 원의 자기부담금을 내야 한다. 그리고 평일 오전 9시부터 오후 5시까지는 수업에 집중해야 하기에 직장을 다닐 수 없다. 야간근무나 과도한 아르바이트를 한다면 학업과 건강 모두 놓칠 것이다. 즉 여기서 문제가 되는 것은 바로 '돈'이었다. 월세를 포함해 한 달에 필요한 돈 110만 원을 어떻게 충당할지가 고민이었다.

열여덟 살부터 스무 살 때까지 살았던 센터에서 함께 지낸 언니에게 연락을 했다(언니는 간호대학을 다니고 있었다). 내가 간호조무사 자격증을 따려 한다고 하자 여러 정보를 알려주었다. 그렇게 간호조무사 학원에 등록까지 하고 공부를 시작했지만 중도에 포기하고 말았다.

도망치지 않을 것이다

헌신적이던 남자친구와 헤어진 후 하드코어 유흥업소에 일하러 갔다. 이번에도 구글에 '유흥업소 알바'라고 검색했다. 성매매를 하기까지의 접근 과정이 너무 간단해서 사람들이 성매매에 대해 비난하는 것은 모순적이라는 생각이 들었다. 사람들이 더럽다고 욕하는 이들이 나에게는 유일하게 친절한 사람들이었다.

하드코어 유흥업소의 시스템은 손님들이 아가씨를 고르면 노래방 같은 룸 안에서 아가씨들이 팬티만 남긴 채 옷을 벗고 손님들도 팬티만 입는 곳이다. 한 시간 동안 그렇게 놀며 마지막에는 입과 손으로 손님들의 성기를 애무해서 정액을 빼줘야 한다. 대가는 한 시간에 10만 원이었다. 나는 하루 일하고는 못 하겠다고 울면서 바로 뛰쳐나갔다. 내가 나를 다시 악몽 속에 집어넣는 짓을 반복하고 있었던 것이다.

남자친구와 헤어지고 나서 일을 하려고 50통이 넘는 이력서를 넣어 봤지만 연락 오는 곳은 없었고, 유일하게 손을 내미는 곳은 유흥업소였다. 그러던 중 셔츠룸이라는 업소를 알게 되었다. 손님 무릎 위에 올라가 원피스를 벗고 팬티만 입은 상태에서 큰 와이셔츠로 갈아입으면 한 시간 반에 10만 원을 주는 곳이었다. 수위는 가슴을 만지는 정도여서 그곳에서 일하게 됐다. 거기서 나는 예상보다 훨씬 많은 돈을 벌었다. 잠도 자지 않고 거의 매일 출근해 한 달에 2000만 원까지 벌었다. 하지만 예상대로 우울증이 찾아왔고 죽을 만큼 외로웠다. 성매매업소에서 일한 것을 이 글에서 밝히는 이유는 나로부터 자유로워지고 싶기 때문이다. 내가 생각하는 자유는 '솔직함'이니까.

나는 누구에게도 말할 수 없는 일, 말하면 손가락질받는 일을 했다. 사람들은 네가 성폭행을 당해서 상처받은 것은 네 잘못이 아니지만, 그 후의 일은 알아서 잘해야 마땅했다고 말할 것이다. 하지만 나는 이 글을 통해 솔직히 말하고 싶다. 성폭행 가해자들뿐 아니라 방관한 어른들까지 내게는 모두 가해자와 같은 편이나 다름없었다고.

만약 누군가 나처럼 힘든 사정 때문에 유흥업소에서 일할까 고민한다면 나는 그러지 않았으면 좋겠다고 말하고 싶다. 그것은 우울의 늪으로 자신을 밀어넣는 일이기 때문이다. 그리고 확실한 점은 유흥업소에서 큰돈을 벌어도 하나도 기쁘지 않다는 것이다. 그곳에서는 유혹하거나 돈을 갈취하거나 나락으로 다른 사람을 밀어뜨리는 일이 심심찮게 일어난다.

사실 낮에 일을 하건 밤에 화류계에서 일을 하건 사람이 무섭고 어떤 일이든 어렵다는 것은 똑같았다. 사람들은 밤에 일하는 이들을 더럽다고 욕했지만 내가 보기에는 다 비슷했다. 다를 바 없는 사람들끼리 서로 욕하고 경멸하는 모습이 우습게 느껴졌다. 화류계가 오히려 더 낫다고 생각한 부분은 적어도 돈이 되는 여자에게 친절하고 잘 대해준다는 점이었다. 필요에 의해 계산적으로 대한 것이지만 적어도 친절을 느낄 수 있었다.

내가 살아야 하는 삶에 선의란 없었고, 그 길은 외롭고 험난했다.

내가 가장 공포스러워하는 날은 추석과 설날을 포함한 가족 행사가 있는 날이다. 그때 나는 혼자임을 극도로 실감하며 몸서리친다. 텅 빈 우주에 나 혼자 튕겨져 떠 있는 것 같다. 명절이나 휴일은 내게 쉬는 날이 아니다. 쉬고 싶어서 쉬는 것과 갈 곳이 없어 침대에 못 박힌 듯 누워 있는 건 전혀 다른 일이다. 사람의 온기가 그립고 말소리가 듣고 싶다. 이런 날을 특히 조심해야 하는 이유는 엄마가 그리워지기 때문이다.

요즘 내 속의 여러 감정이 얽혀 만들어낸 생각들 끝에는 결국 공허함, 허탈함, 풀 수 없는 난망함밖에 없다. 스스로 자신을 나약하고 모자라다고 여겨 자존감은 바닥을 찍었고, 나는 이제 여기서 어디로 나아갈지 아직 모른다.

'내가 무엇이 되어가고 있는 걸까?'

내가 치부를 드러내며 내 이야기를 하는 것은 어쩌면 무슨 일이 있어도 살아야만 한다는 것을 스스로에게 확인시키기 위함인지도 모른다. 어떤 상처가 나를 짓누르고 있다 하더라도 포기하지 말고 앞으로

만 나아가는 것이 내 목표다.

아마 앞으로 더한 일을 겪거나 더 아픈 상처를 받을 수도 있다. 하지만 다시는 내 인생에서 도망치지 않을 것이다. 어떤 일이 나에게 상처를 주고 내 가슴을 짓밟더라도 사는 것을 포기하지 않겠다. 그러니 지금 이 순간에도 각자의 방식으로 '삶'을 살아내고 있는 모든 생존자를 응원하며 같이 살자고 말하고 싶다.

7장

터널을 빠져나와 세상으로 시선을 향한다

엘브로떼

참 많이 도망다녔는데 결국 이렇게 내 얘기를 하게 되는 것이 조금은 두렵다. 꺼내고 싶지 않았고, 영원히 나 혼자만의 기억으로 마음 깊은 곳에 가둬두려 했던 이야기를 해보려 한다.

사회 정의 실현도 아니고 그럴 만한 자격도 없는 내가 이 이야기를 통해 전하고 싶은 메시지는 나와 같은 아이들 그리고 그 시간을 겪고 견딘 사람들에게, 혹은 앞으로 같은 일을 당할 이들에게 혼자서 아파하지 않았으면 한다고, 혼자가 아니라고, 우리가 함께한다고 말하고 싶다.

친할아버지와 아빠라는 남자

정확히 몇 살인지는 기억나지 않는다. 초등학교에 들어가지 않았던 때 같다. 그렇지만 나를 처음으로 만진 사람은 정확히 기억한다. 그는 바로 친할아버지였다. 할아버지의 말도 또렷이 기억난다. "얼마나 컸는지 보자!" 그렇게 말한 뒤 내 바지나 치마 속으로 손을 넣었다. 한참을 만졌던 것으로 기억한다. 그러고는 "많이 컸네". 할아버지 집에 갈 때마다 그는 나를 만졌고 그 말을 했다. 그게 언제까지였는지는 기억에 없다. 어느 순간부터 그런 일이 그쳤다. 할아버지가 나를 만질 때

주위에 누가 있었나? 할아버지가 나한테 했던 것을 내가 누구에게 말한 적이 있었나? 이 또한 기억에 없다. 할아버지는 내가 초등학교 4학년 때 갑자기 돌아가셨다. 그 후 나는 할아버지의 그 행위를 나를 이뻐했던 행동으로 기억했던 것 같다. 그게 뭔지 모르고 그냥 그렇게.

지금 생각하면 그건 그루밍인데, 나는 그루밍을 당한 건데.

시간이 흘러 나는 중학생이 되었다. 그즈음 나를 만지기 시작한 사람은 바로 아빠였다. 중학교 1학년쯤으로 기억한다. 아빠가 밉다고 엄마한테 도움을 요청했던 것 같다. 엄마는 그 말에 관심을 기울이지 않았으며 사춘기라 그러려니 하고 넘어가신 듯하다. 그러나 나는 그 일로 평생 엄마를 미워하고 증오하는 마음을 갖게 되었다.

엄마는 내가 기억하는 한 자식들의 생일을 한 번도 챙기지 않았고 생일에 그 흔한 축하한다는 말 한번 하지 않았다. 내가 먼저 겨우 "오늘 내 생일인데"라고 말하면 그제야 "그랬냐? 생일 축하한다"라고 말하는 게 끝이었으며, 그 말을 한 다음에는 항상 "나는 내 생일도 모른다. 생일이 뭐 그리 대수라고"라는 말을 덧붙였다. 엎드려 절 받기. 또 엄마는 내가 기억하는 한 비 오는 날 한 번도 학교에 우산을 들고 와주시지 않았다. 그게 뭐 어때서, 라고 생각할 수 있을 것이다. 그렇지만 엄마는 회사를 다녔던 것도 아니고 집에 계셨다. 그래서 비 오면 우산 들고 자식을 데리러 오는 엄마를 가진 친구들을 부러워했다. 부러움의 크기만큼 엄마에 대한 섭섭함과 미움도 비례해서 커졌다. 내게는 그게 나에 대한 엄마의 관심과 애정의 가장 중요한 척도였던 것 같다. 엄마에게 아빠가 밉다고 이야기한 후 전혀 달라지지 않은 상황들이 '나는 엄마의 관심 밖'이라는 느낌을 주었다. 또한 본능적으로 엄마는 날 도와줄 수 있는 존재가 아님을 깨달았다. 지금도 엄마는 짜증이 많고 무언가에 찌들어 살아가신다.

하긴 그럴 만도 하다. 내가 기억하는 아빠는 늘 술을 마셨고 폭력 전과 13범 정도다. 술을 드시면 마치 자랑이라도 되는 양 이야기하곤 했다. 한번은 이런 일도 있었다. 아빠의 와이셔츠가 피로 물들어 있었다. 택시 기사들과 싸움이 났던 것으로, 경찰서에서 조사를 받고 오셨다. 엄마는 매번 그런 아빠의 모습에 불안감을 안고 살았던 것 같다. '술'은 엄마에게는 지긋지긋한 단어이고, 화와 불안 그리고 두려움을 가져다주는 것이었으며, 그 모습을 보고 자란 내게도 술이라는 단어는 자연스레 부정적인 이미지로 심어졌다.

친가 쪽 식구들은 만나기만 하면 죽도록 술을 먹었다. 그러다보니 끝은 늘 싸움과 욕설이었다. 할아버지 장례를 치른 후에도 작은아버지들은 술을 먹고 싸우셨다. 그날 밥솥이 공중으로 날아다니고 온갖 집기가 날아다니는 모습을 본 우리는 두려움에 덜덜 떨었다. 그 후로 친척들이 모이면 나와 사촌 동생들은 불안해하고 두려워하며 촉각을 곤두세웠다.

또 아빠는 외도를 많이 했던 것 같다. 성인이 되어 내가 정확히 알게 된 것만 해도 두 번이다. 어릴 적 엄마가 잠들지 못하고 밤새 뜨개질을 하시며 아빠를 기다렸던 기억이 나는데 그때도 아빠는 외도 중이었다. 술집 여성과 함께 집으로 온 적도 있다. 엄마는 그 술집 여성에게 밥을 먹여 보냈다고 한다. 그러니 엄마는 아빠가 지방으로 발령 날 때마다 따라다닐 수밖에 없었던 듯하다. 나 또한 그 때문에 초등학교 시절 6년간 아홉 번의 전학을 다녔다. 친구들과의 관계에서 갈등이 생기면 이를 해결하는 방법은 모른 채 피하기만 한 것은 그런 환경 때문이었다.

때로는 그런 삶을 살아온 엄마가 참 불쌍하다. 어린 나의 눈으로 볼 때 엄마는 아빠를 몹시 두려워했다. 나는 그 이유를 성인이 된 후 알게 됐는데, 하루는 아빠가 술을 드시고는 화가 나 유리잔을 깨서 씹어 먹었다고 한다. 그 모습을 봤던 엄마는 그 뒤로 아빠가 화를 내면 어떤 대응도 할 수 없었다고 한다. 그렇게 무섭고 독한 사람이니까. 우리에게도 아빠의 말은 곧 법이었다. 그러니 엄마는 자식들에게 마음 쓸 여력이 없었을 것이다. 하지만 난 지금도 엄마와 종종 형식적으로만 대화한다. 더 솔직히 말하면, 같이 대화하는 게 싫고 엄마의 얼굴을 마주하기조차 싫을 때가 있다.

되돌아와서 이야기를 이어나가자면 중학교 때부터 고등학교 2학년 때까지였다. (얼마 만에 한 번씩인지는 정확히 기억나지 않으나) 내가 자고 있을 때, 학교에서 돌아왔을 때, 집에 아무도 없을 때 그 일들은 반복되었다. 당시 사업이 잘 안되어 집에 사무실을 차린 후 아빠는 온종일 집에 있었고 직원들도 집으로 오가곤 했다. 참고로 말하자면 내 유년 시절 우리 집은 부유했던 편이다. 100평의 정원과 수영장이 딸린 집에서 살았다. 그러니 별도의 공간을 내어 사무실을 마련할 수 있는 그런 집이었다.

이런 집안 배경을 말하는 이유는 내 아버지가 가난해서, 혹은 학력이 부족해서 자식에게 성폭력을 했던 게 아님을 밝히고 싶어서다(세상에는 그런 선입견이 종종 있다). 이후 아빠의 직장이 서울로 바뀌면서 엄마와 아빠는 주말부부로 지내게 되었고 자연스레 아빠의 그 행위는 잠시 중단되었다.

고2 여름에 그 일이 있고 난 뒤 아빠의 이런 행위는 완전히 멈춘다. 하교 후 돌아온 나를 교복 입은 그대로 바닥에 눕히고 입으로 그걸 하고 나서는 성기로 또 삽입을 시도했다. 입으로 하려 할 때 나는 아빠의 머리를 밀쳐냈던 기억이 있다. 그리고 아빠에게 하지 말라고 말했던 기억이 있다. 아빠는 멈추지 않았다. 그리고 그 후의 기억들은 잘 나지 않는다. 삽입이 이루어졌는지 아니면 그 정도에서 멈추었는지. 아무리 기억하려 해도 그 순간의 기억이 없다. 바닥에 떨어진 아빠의 정액을 치웠던 기억은 있다. 아빠는 돌아서며 "닦아라. 치워라"라고 말하고는 방을 나갔다. 그 후로 나를 만지는 일은 없었다. 나는 이 사실을 친언니에게 말했지만 언니는 아빠가 그럴 리 없다며 믿지 않았다. 언니의 그런 모습에 나는 입을 다물었던 것 같다. 다시 한번 나를 도와줄 수 있는 사람이 이 집에 없다는 것을 확신하게 되었다. 그 후 나는 누구에게도, 나 자신에게조차 입을 다물고 이 모든 일을 꽁꽁 싸매어 마음속 깊은 곳에 두었다.

그러다 대학교 2학년 때 가스폭발 사고로 아빠가 전신에 2도, 3도 화상을 입고 병원에 입원했다. 의사도 주변 사람들도 살아남기 힘들 거라며 아빠의 죽음을 준비하라고 했다. 그런데 아빠는 살아났고 병원에서 6개월간 치료를 받을 때 아빠의 병간호는 내 몫이 되었다. 엄마와 오빠는 사고를 수습하러 다니느라 정신없었고 언니는 일본에서 유학 중이었기에 내가 병상을 지켰다. 어느 날 병실 문을 잠그라는 아빠의 말과, 병실 문을 잠그러 가는 나의 뒷모습과, 아빠의 자위를 해주는 나, 이것이 마지막 기억이다.

아빠에게 순응하다

나는 그 순간의 나를 용서하지 못한 채 오랫동안 살아왔다. 스무 살이 넘은 성인이 그 행위를 도왔으며, 한마디도 하지 않은 채 순응하며 나의 손으로 직접…….

나 자신을 증오하고 경멸하고 더러워하고 혐오하면서 너도 즐긴 거라고, 즐겼기에 그 나이가 돼서도 거부하지 못했던 거라고 나 자신에게 오랜 시간 말하고 또 말했다. 넌 그래도 되는 아이라고! 그런 일을 당해도 되는 아이라고! 그럼 그렇지! 나는 그렇게 나 자신을 싫어했다, 끔찍이도.

상담하며 그 시절 나의 모습을 보니 나는 내가 아니었다. 스무 살의 성인도 아니었다. 그저 영혼이 없고 감정이 없는, 시키는 대로 하는 인형 같았다. 그런 나를 마주하기까지 너무 오랜 시간이 걸렸다. 마흔 살이 훌쩍 넘어버린 시점에야 그걸 마주하게 됐으니까. 그때 내 뒷모습이 떠올라 많이 울었다. 어깨가 내려가고 아무 감정 없이 걸어가는 나 자신이 너무 불쌍했다. 안쓰러웠다. 그런데 난 나를 안아줄 수가 없었다. 내가 나한테 무슨 짓을 했는데, 내가 날 어떻게 망가뜨리고 있었는데.

나에게는 아직 풀지 못한 숙제가 있다. 뒷모습의 내가 보인다. 그런데 그 아이를 돌려세우질 못하는 것이다. 병실 문을 잠그고 돌아서는 내 얼굴은 아직 보이지 않는다. 아니 어쩌면 볼 자신이 없어서 안 보려는 것일 수도 있다. 그날 나는 분명 울지는 않았던 것으로 기억한다. 그런데 왜 항상 문을 잠그러 가는 뒷모습만 보이는지……. 내 마음속에 어떤 것들이 자리잡고 있기에 내가 못 보는 걸까. 혹은 안 보려는 걸까.

그날에서 20년이 훌쩍 지나 그동안 나 스스로 깨닫지 못한 사실을 알게 되었다. 나를 힘들게 하는 아빠가 미웠지만 그래도 아빠니까 죽음의 문턱에서 살아 돌아왔다는 이유로 아빠를 거부하지 못하고 자위를 도왔던 것이다. 내 행동의 이유를 깨달은 순간, 나 자신을 향한 증오와 경멸의 껍질이 한 꺼풀 벗겨지는 듯했다. 하염없이 흐르는 눈물과 함께 마음이 조금 시원해짐을 느꼈다. 그것을 아는 데 꼬박 20여 년이 걸렸다. 그렇게 긴 시간 동안 나는 날 미워하면서 살았다. 싫어하면서, 증오하면서, 스스로를 버러지처럼 생각하면서.

아빠가 아닌 다른 사람이 나를 만지는 일도 많았다. 수영장에서 잠수해서 만지고 간 놈들, 등하교 길 버스에서 사람들이 밀리는 틈을 타 만지고 간 놈들. 택시를 탔는데 기사가 자신의 성기를 꺼내 보여주고 강제로 내 손을 잡아끌어 성기를 만지게 하려던 일도 있었다. 또한 사촌 동생이나 내 친오빠가 자면서 나를 만졌다. 그들의 기억에는 그런 일이 없을지도 모른다. 그러나 나는 아직 또렷이 기억하고 있다.

그 시간을 지나오면서 왜 나에게만 이런 일이 반복되는 것인지를 궁금해하기보단, 아빠에게도 나는 그런 아이였기에 내가 가진 특정한 모습이 상대로 하여금 그런 행위를 해도 되는 대상으로 인식하게 하는 것은 아닌지 고민했던 듯하다. 그때 내 결론은, 나는 그런 짓을 당해도 되는 아이라는 것이었다. 내 스스로가 낙인을 찍었다. 그러는 사이 나도 모르게 변화되면서 서른여섯 살에 처음으로 내가 친족 성폭력 생존자라는 사실을 알게 되었다. 나에게 있어 뭔가 비밀스럽고 혼란스러웠던 일들을 나는 성인이 되고 내 아이들의 엄마가 되고 나서야 깨달았다. 이렇게 오랫동안 무지할 수 있다니, 나 자신이 바보천치 같아 용서가 되질 않았다.

그 사실을 스스로가 받아들이고 꺼내야 한다는 것을 알았을 때, 이제는 내가 나를 진정으로 만나야 한다는 것을 알았을 때 나는 거의 미쳐가고 있었다. 이유 없이 아팠고 아이들과 남편에게 짜증을 내고 화를 내며 폭력적인 성향을 보였다.

이후 친구나 주변 사람들이 이해하지 못했던 나의 행동들이 퍼즐처럼 맞춰지기 시작했다. 그동안 혼자 식당에 들어가서 밥을 먹지 못했다. 식당 안 사람들이 나를 불쌍히 여기는 것 같아 그 시선이 너무 힘들었다. 혼자서 뭔가를 하는 것을 무서워했으며, 연애를 하면 상대에게 집착했고, 지인들과의 약속은 내가 정리하고 계획을 세워야만 불안을 조금 견딜 수 있었다.

경계 개념

어린 시절 친구들과의 관계는 몹시 어려웠다. 나는 나를 이상하게 보는 친구들에게 분노했고 그 아이들을 힘으로 누르기 위해 선도부에 들어가 아이들을 잡아들이기 시작했다. 한 아이의 말이 정확히 기억난다. 고등학교 때 나와 조금 가까웠던 친구에게 그 아이는 이렇게 말했다. "너는 재랑 왜 다녀? 이상하잖아! 넌 안 이상해?" 그 말을 우연히 들은 후 웃기다고 생각했다. 그렇지만 그에 대해 아무 말도 못 했다. 그때는 나 자신이 그 이유를 알 수 없었기 때문이다. 지금 돌이켜 그때의 내 모습을 떠올리면, 내 얼굴에 드리워져 있는 슬픔과 애쓰고 있는데도 잘 되지 않아 스스로 힘들어하고 있는 내가 선명하다.

나는 친구들과 친해지고 싶어 그때부터 엄마 지갑에 손을 대기 시작했다. 엄마는 한 번도 용돈을 주지 않았다. 준비물이나 교재비 외에는 돈을 받을 수 없었으며 친척 어른들이 주는 용돈까지 엄마가 가져갔다. 나는 친구들에게 떡볶이랑 라면을 사주면서 친해지고 싶어 준비물과 교재 비용을 부풀리고 학원비도 높게 말해 돈을 받아 쓰기 시작했다.

돈은 효과가 있었다. 내게도 한 명 두 명 친구가 생겼던 것이다. 하지만 그때도 나는 불안했다. 내가 뭘 사주지 않으면 친구들이 다 떠날 것 같았고, 그 불안이 거듭될수록 나의 거짓말과 지갑에서 돈을 꺼내는 횟수는 늘었다. 다행히 엄마에게는 들키지 않았다. 아니, 알고도 모른 척하셨나?

어느덧 대학생이 된 나는 쉼 없이 아르바이트를 했다. 개인 과외부터 카페 서빙, 어린이집 교사, 피자집 아르바이트, 사무직 아르바이트 등을 하면서 대학 4년 내내 스스로 돈을 벌었다. 엄마한테 용돈을 달라고 하지 않아도 되었던 그때가 편했다. 엄마는 돈을 달라는 말에 항상 짜증부터 냈고 '돈 없다'는 말이 예외 없이 뒤따랐다. 지금에 와서 추측해보자면 당시 아빠는 남들에게 보증을 많이 서줬으며 그로 인해 가세가 기울었던 것 같다. 결국 내가 대학 4학년 때 10년을 살았던 우리 집은 경매로 넘어가버렸다. 겨우 집을 하나 마련해 그곳에서 나왔는데, 집안이 몰락하는 낌새는 내가 중학생 때부터 나타났던 것 같다.

이사 후 그 집에서 석 달 정도 살고 서울에 있는 대학원에 진학해 본가에서 나오게 되었다. 부모님은 나의 독립에 반대하셨지만, 나는 어떻게든 두 사람에게서 벗어나고 싶었다. 서울에 올라와 친구랑 같이 자취를 시작했고, 밤에는 대학원에 다니고 낮에는 유아교육 방문교

사, 어린이집 강사, 문화센터 강사 등을 하며 돈을 벌었다. 그 시절 소개팅을 하고 연락이 끊겼던 대학 동문이나 선배들과도 다시 만나면서 내 삶을 온전히 즐겼다. 그런데 그 시간도 얼마 가지 않아 깨지기 시작했다. 아빠가 일주일에 사흘간 서울에 올라오게 된 것이다. 아빠는 나와 내 친구가 있는 자취방에서 지내고 내려가는 생활을 반복하셨다.

나는 다시 도망치기로 했다. 바로 결혼이었다. 내 가정을 꾸리면 아빠와 같이 살지 않아도 되고, 내 가정이 있으면 아빠의 간섭을 받지 않아도 되니까. 하지만 그건 착각이었음이 곧 드러났다. 부모님은 사업을 한다는 이유로 우리 신혼집에서 일주일에 사흘간 머물렀고 게다가 지인까지 데리고 와 같이 기거하셨다.

그 전에는 몰랐다, 우리 부모님에게 '경계' 개념이 없다는 것을. 그래서 나 또한 관계에서의 '경계'를 배우지 못했던 것 같다. 그 때문에 친구들이 나를 힘들어했고, 남편도 나를 버거워했다.

아이를 출산하고 키우면서는 정신없는 세월을 보냈다. 예민하고 까칠한 첫째를 키울 때 나는 육아에 서툴렀고, 밤잠을 못 이뤄 쓰러져 잠들곤 했다. 그렇게 육아에 전념하다가 둘째를 출산하게 됐는데, 둘째는 생후 12개월에 청각장애인 진단을 받았다. 그 소식에 내가 눈물을 흘리자 들리지도 않는 그 아이는 내 눈물을 닦아주었다.

병원에서 돌아오는 길에 성산대교를 지나는데, 그 순간 장애를 가진

이 아이와 세상을 살아나가는 일이 너무 막막해 죽음까지 생각했다. 하지만 큰아이가 곧바로 떠올라 그럴 수 없었다. 한동안 둘째의 수술과 재활에 매달려 지냈다. 24개월 때 오른쪽 귀에 인공와우 수술을 하게 되면서 본격적인 재활을 시작했는데, 의사는 아이가 하위 20퍼센트에 속할 정도로 상태가 좋지 못하니 나중에 자동차 경적을 듣고 피할 수 있는 정도만 돼도 다행이라고 말했다.

그때는 그렇게 하는 게 최선이라 여기며 정신없이 달렸는데, 지금 와서 생각해보면 나도 아이도 장애를 받아들이는 데 시간이 필요하다는 사실을 정말 몰랐던 듯하다. 앞으로 이 아이와 세상을 헤쳐나가야 한다는 것을 받아들이고 준비할 새도 없이 막무가내로 경기에 뛰어드는 선수처럼 그렇게 현실로 뛰어들었다. 단기 코스가 아닌데 마치 내일이면 아이의 장애가 없어지기라도 할 것처럼 하루하루 재활에 온 신경을 다 쏟았다. 그런 탓에 재활 비용 때문에 경제적으로 어려움이 생기기 시작했다.

그러던 와중에 친정 오빠의 권유로 아파트 담보대출 8000만 원을 받아 한 회사에 투자하게 된다. 경제적 어려움에 대한 타개책으로 남편이 투자를 선택했던 것이다. 투자처로부터 꽤 큰 액수의 이자가 꼬박꼬박 들어왔고 때마침 셋째를 임신했던 나는 출산과 육아, 둘째의 재활에만 매달렸다. 하지만 1년 후 그 회사는 없어졌고 우리 집은 경매에 부쳐져 남편과 나는 파산했다. 경매가 진행되는 동안 넷째를 임신했고, 아이가 태어나자마자 100일 만에 우리는 살던 곳에서 나와 월세 집으로 옮겨야 했다. 엎친 데 덮친 격으로 남편의 회사가 어려워져 월급을 받지 못하는 상황에 놓였고 다른 회사로 이직하면서 월급은 반 토막이 나버렸다.

그때부터 다시 부모님과 살림을 합치게 됐다. 부모님 소개로 8000만 원을 투자했던 것이었기에 두 분이 그에 대한 책임감을 조금 느끼셨던 것 같고, 또 아이 네 명을 양육하는 것의 어려움을 아시는 듯했다. 보증금 1000만 원에 월세 100만 원을 내는 아파트로 이사하면서 부모님과 우리 부부 각각 월세를 절반씩 부담했다. 나는 주민센터에서 지원받을 수 있는 제도면 뭐든 다 신청하는 한편 생활 전선에 뛰어들었다. 방문판매도 하고 아이들 피아노 교습도 하면서 뒤도 돌아보지 않고 달렸다.

다시 둘째가 두 번째 수술을 받아야 하는 시기가 왔는데, 갓난아이를 데리고 병원에 다녔던 그 시간은 내게 몹시 고통스럽고 무서웠다. 당시 신종플루가 창궐해 어쩌면 세상에 태어난 지 5개월밖에 안 된 아이가 내 품을 떠날 수도 있겠다는 생각으로 두려움에 휩싸였다.

갈수록 지쳐 짜증과 우울함이 깊어졌을 때 지인의 소개로 미술치료를 배우게 됐다. 배우려 했던 가장 큰 이유는 엄마로서의 소통 능력이 떨어져 내 아이의 속마음을 잘 읽지 못하게 될까봐 걱정되었기 때문이다. 그렇게 아이의 마음을 알고 싶다는 생각으로 시작했던 미술치료가 지금의 나를 만들어주었다. 미술치료를 배우고 그림을 그리면서 내 안에 깊숙이 자리 잡은 외로움을 알게 되었고, 하염없이 엄마를 기다리는 일고여덟 살짜리 아이를 바라볼 수 있었으며, 내가 몹시 지쳐 있다는 것도 자각하게 되었다. 또 내가 장애 아이를 창피해하고 있었다는 것도 알게 되었다.

이후 교수님의 제안으로 집단 상담을 하게 됐는데 내가 겪었던 사건들을 처음으로 낯선 사람들 앞에서 털어놓게 되었다. 물론 집단 상담을 하기 전 개인 상담을 통해 조금씩 정리가 된 부분이긴 했다. 개인 상담을 하면서 모든 일을 털어놓으려고 마음먹었을 때 나타났던 신체화 증상들을 지금도 잊지 못한다. 숨이 잘 안 쉬어졌고, 잠도 잘 수 없었으며 창자가 꼬여 물 한 모금 마실 수 없었던 내 몸의 반응들. 하지만 그때 상담 선생님은 그것들이 내 잘못이 아니라고 말씀해주셨다.

아빠의 추행이 반복될수록 나의 신체도 그에 반응했고, 그 일이 반복될수록 내 몸은 점점 성인의 감각을 알게 되었다. 오르가슴을 알게 되었고, 자위를 알게 되었다. 혹시 그 때문에 단호하게 거절하지 못했던 것은 아닌지, 아빠가 다가올 빌미를 준 것은 아닌지, 나조차 그것을 즐겼던 적이 있진 않은지 하는 생각 때문에 나는 그 오랜 세월 나 자신을 수치스러워하며 원망했다.

너의 잘못이 아니야

"너의 잘못이 아니야!"

상담 선생님의 그 말 한마디에 머리를 망치로 얻어맞은 듯 충격을 받았다. 이내 슬픔이, 그다음에는 분노가 올라오기 시작했다.

처음으로 사람들에게 내 이야기를 한 시간 넘게 했던 것 같다. 그리고 그 집단 상담에서 분노가 터져나왔다. 나는 의자를 던지고 욕을 하고 소리를 질렀으며, 내 안에 있던 것을 모두 쏟아냈다. 그곳에 함께 있었던 이들도 함께 울고 아파했다. 그런 그들의 위로가 고마웠다.

그 후 2주 동안 몸살을 앓았다. 온몸이 두들겨 맞은 것처럼 아팠지만 마음 한편에서는 내가 한 발짝 앞으로 나아가도 될 것 같다는 용기가 솟았다. 이에 나는 또 상담을 받기 시작했다. 내 미성숙함으로 인해 우리 아이들이 마음의 상처를 받으면 안 되고 내 남편도 지치면 안 되기에 나는 미술치료 자격증을 따고 상담대학원 박사과정에 입학하면서 본격적으로 공부하기로 마음먹었다.

집단 상담을 한 후 이 사건에 관해 사과를 받아야겠다는 마음이 일어 카페에서 아빠를 만났다. 그때 내가 바란 것은 딱 한 가지였다. 변명하지 않는 아빠의 모습! 내가 이야기를 꺼내자 다행히 아빠는 한마디 변명도 하지 않으셨고 눈물을 흘리며 내게 미안하다고, 잘못했다고 하셨다. 그 순간 감사했다, 인정해줘서, 변명하지 않아서. 나는 이야기를 이어갔다. 많이 아팠고 힘들었노라고 말하면서. 그런 시간을 갖고 난 후 조금씩 변화가 일어났다. 표정도 행동도 생각도 서서히 밝아지고 있었다.

상담 공부를 시작하고 학교에서 수업을 들으면서 나 자신을 보고 만날 때 그 시간은 온전히 나만을 위한 것이어서 행복했다. 그 시간이 늘 기다려졌다. 내 문제 때문에 자연스레 성중독에 관심을 갖게 됐고, 피해자 발생을 줄이려고 교도소의 인성교육 강사나 성폭력 이수 교육 강사로서 교도소 수감자들(가해자들)을 만났다. 보호관찰소(준법지원센터)에서는 기소 유예자들과 수강명령 대상자, 전자발찌 사범들과의 집단 상담을 통해 그들의 왜곡된 성인지 감수성과 잘못된 성 통념을 바로잡아주려 노력했다.

보호관찰소나 교도소 강의를 할 때 나는 내가 성폭력 생존자라는 것을 밝힌다. 그 이유는 피해자의 실제 목소리를 듣는 것이 회복적 사법의 개념에서 재범 예방에 도움이 되기 때문이다. 더 이상의 피해자가 생기지 않기를 바라기에 나는 내 이야기를 그들 앞에서 하고 있다. 한번은 전자발찌 사범들과 40시간의 집단 교육을 진행하던 중 역할극을 하면서 내가 피해자 역할을 맡았다. 프로그램 내내 초등학생처럼 행동하고 청개구리처럼 행동하던 대상자가 자신의 역할극이 아님에도 갑작스레 곡소리를 내며 울기도 했다. 교도소에서도 성폭력 교육을 받아야 하는 수감자들과 역할극을 하면 꼭 내가 피해자로 앉아서 진행한다. 그러면 그 순간에 나는 피해자로 돌아가 이야기를 한다. 피해자의 목소리를 들려준다. 피해자의 고통은 이렇다고……. 내 상황을 아는 지인들은 가끔 내 안전이 걱정된다며 더 이상 피해자라는 말을 하지 말라고 권한다. 때로 고민되지만, 나와 같은 아픔을 겪고 있거나 겪을 이들을 위해, 재범률이 높은 성범죄를 예방하기 위해 당분간은 계속하려 한다.

2016년 겨울 한 교육장에서 어떤 분이 자신의 성폭력 피해 경험을 이야기하면서 '작은말하기'라는 모임이 있다는 것을 알려줬다. 그때 그런 모임을 처음 알게 되면서 나도 이야기하고 싶다는 생각을 했지만 선뜻 그러지 못했다. 그러다가 2019년 4월 '작은말하기'에 문을 두드리고 모임에 참여하게 되었다.

그날 모인 사람들의 70퍼센트가 친족 성폭력 생존자라는 사실에 나는 놀랐다. 이렇게 많을 줄은 예상 못 했기 때문이다. 내 이야기를 짧게 한 후 아빠를 용서했다는 말을 하자 그중 한 분이 용서가 가능하냐고 물었다. 순간 그 질문이 나의 머리를 때리면서 용서에 대해 다시 곱씹게 되었다. 진정한 용서는 무엇일까? 나는 정말 용서한 게 맞나?

머릿속이 복잡해졌다. 현재의 나는 흔들림이 없다고 생각했는데 그 질문 하나에 내 마음이 복잡해졌다는 사실을 알아차린 뒤 며칠간 생각하고 또 생각했다. 난 아빠를 용서했다기보다는 그동안 미워했던 나 자신에게 어쩌면 용서를 받고 싶었는지도 모른다. 어린 시절의 내가 지금까지의 나를 진정 용서하길…….

2019년 4월부터 현재까지 나는 '작은말하기'에 나간다(코로나19 이후에는 나가지 못하고 있다). 그러면서 한 번씩 놀란다. 나는 여성주의나 페미니즘에 대해서 잘 알지 못한다. 내 상황을 받아들이고 회복하려 노력하는 과정에서도 그 분야 공부를 제대로 하지 않았다. 하지만 모임을 함께한 이들이 공부하고 책 읽는 모습은 내게 자극을 주었다. 이 모임이 내게는 큰 도움이 된다. 때론 질문이 당황스럽기도 하지만 그 질문이 나를 다시 생각하게 하고 그동안 알지 못했던 영역으로 나를 이끈다.

나와 생각이 다른 분들도 있지만, 여기서는 누구도 자신의 견해를 강요하지 않는다. 생존자라는 사실은 같으나 경험과 사건과 환경, 그리고 처한 현실이 다르기에 서로가 서로를 존중하려 애쓴다.

이 글도 그동안 전혀 생각해보지 못한 작업을 함께했기에 용기 내어 시작할 수 있었다. 글 쓰는 것을 내가 얼마나 피하고 싶어했는지 이번에 직면하면서 알게 되었다. 피하고 피했지만 결국 글을 마무리 지었다. 처음 나에 관한 이야기를 쓰는 것이니 어설프지만 스스로를 대견하다 여기고 싶다.

이후 나는 상담학으로 박사학위를 취득했고 그 과정에서 나 자신을 수없이 만났다. 논문을 쓰는 과정이 쉽지 않았지만 생존자들과 힘을 합쳐 마무리를 잘하려고 노력했다. 서른여섯 살의 나와 지금 마흔여섯 살의 나는 많이 다르며 성장해 있다. 이제는 굳이 내 상처를 지우려 하지 않는다. 어차피 지워지지 않으니까……. 오히려 그 상처를 기꺼이 들여다보려고 노력한다. 아프고 힘들었던 순간을 피하려 하지 않는다. 들여다보려 하지만 나의 무의식이 가로막아 잘 못 보는 것들도 있다. 하지만 결국 나와 마주할 수 있으리라 생각한다. 상처로 인해 모든 게 엉망이 돼버린 삶을 살아왔던 나 자신을.

8장

가해자 사후에 내린 판결: 세상에 대한 소고溯考, 訴告

명아

溯考: 옛일을 거슬러 올라가서 자세히 고찰함

訴告: 범죄의 피해자나 다른 고소권자가 범죄 사실을 수사 기관에 신고하여 그 수사와 범인의 기소를 요구하는 일

내 지능지수는 142. 예쁘다는 소리도 제법 들었고 인기가 폭발하듯 많은 때도 있었고 공부도 잘하고 그림도 잘 그리고 춤도 잘 추고 무엇이든 잘하며 뭐가 되든 성공할 것이라는 말도 많이 들었다. 사람들은 내 자신감을 부러워하고 나의 좋은 친구가 되어주었다. 이렇게 잘되어도 되는 건가 걱정될 정도로 내 인생은 풀려갔다.

남들이 부러워하는 직장도 다녔고 사회 문화에 관심이 많았으며 남을 존중하고 도와주는 것을 좋아했다. 지금 생각하면 많은 사람이 누리는 평범한 인생이 아니었을까 싶다. 그러나 내가 어렸을 때 친아버지에게 지속적으로 당한 것이 성폭력임을 알았을 때 이 모든 것은 무너져 내리기 시작했다.

새로 이사 간 커다랗고 환한 안방 창. 말없이 서 있던 익숙한 장롱. 조용히 놀고 있던 나와 내 여동생. 밖에서 할머니가 밥 짓는 소리. 이불 속에 누워 있던 아버지가 이리 오라고 하자 얼어붙은 나. 그 모든 일은 어머니가 돌아가시고 1년 후에 일어났다. 초등학교 2학년. 아직 어머니가 돌아가신 충격에서 회복되지도 않았을 때였다.

아버지와 어머니는 서로 매우 사랑했고 나는 늦게 낳은 자식으로 더 이상 예쁨받을 수 없을 정도로 사랑받았기에 더 혼란스럽고 그 사건을 이해할 수 없었다. 이제껏 모든 것은 내가 잘못되었기에 일어난 일이라고 믿을 수밖에 없었다. 아무도 무엇이 옳고 그른지 가르쳐주지 않았다.

유일하고 소중했던 가족은 피해받은 나를 외면하는 가족으로 바뀌어버렸고, 사람들과 어울릴 수 없어졌으며, 밖에 나갈 수가 없어졌다. 또 다른 사람에게 성폭력을 당할까봐 심장이 안정될 새가 없어졌고, 돈을 벌 수도 없어졌고, 안전하게 혼자여도 불안해서 견딜 수 없어졌으며, 내 아이도 가질 수 없게 되었다.

나는 친아버지에 의한 성폭력의 영향으로 훗날 지옥으로 떨어질 것을 예고하는 심각한 심리적 어려움을 갖게 되었다. 외상후 스트레스 장애, 공황장애, 정체성 장애, 우울장애, 불안장애를 앓게 되었다. 그것은 천천히 나를 파먹을 날을 내 안에서 기다리며 강화되고 있었던 것이다.

나는 내가 왜 살고 있는 건지 왜 살아야 하는지를 아주 어릴 때부터 알지 못해서 괴로웠다.

나는 내가 누군지 아직 잘 모른다.

성폭력당하던 때의 내 모습을 묵인하고 있었던 말 없는 죽은 벽지에 스며든 듯, 그 이후로 나는 없었다.

그저 생존을 위해 침묵으로 견디고 자기 자신을 외면하며 아버지에게 비위를 맞추는 죽은 나밖에 없었다.

나는 좋은지 싫은지, 원하는지 그렇지 않은지 아무것도 말하지 못하는 아이가 되었고 그것은 이후에 반복되는 성폭력과 사회적 괴롭힘의 큰 원인이 되어 나를 괴롭혀왔다. 끌어다놓으면 아무 말도 못 하고 당하기 일쑤였다. 그런 나의 자존감은 바닥일 수밖에 없었다.

인생은 그저 비극이었다. 이렇게 고통스러운데 왜 태어나서 살아야 한다는 건지 전혀 이해할 수 없었다. 웃으며 즐거운 일을 찾는 주변 사람들이 나에게도 웃고 즐기라며 강요하는 것이 늘 괴로웠다.

엄마가 돌아가셔서 슬픈데 아버지는 그런 아이들에게 이상한 짓을 했다. 그때 엄마가 없어져서 짐이 된 내가 죽었으면 하고 아버지가 바라는 건 아닐까 생각했다. 죽여버려도 모자랄 친아버지에게 아무 말도 못 하고 그자가 죽는 날까지 병간호를 했던 나를 원망하기도 했다. 그자는 한마디 원망도 듣지 않고 죽었다. 13년이 지난 지금에야 나는 지독한 양가감정에서 벗어나, 가해자로서의 그를 똑바로 바라볼 수 있게 되었다. 왜 그자의 사망신고를 내 손으로 했어야만 했는지 가슴을 치며 울고 나서 말이다.

그래도 내가 살 수 있도록 위안이 되었던 것은 그자가 병들어 죽어갈 때 내게 '안 아프게 좀 해줘'라고 말하며 고통스레 죽어갔다는 사실이다. 그자가 나이 들어 재혼한 여자가 수년간 그자를 기만하고 배반하며 전 재산을 빼앗고 고통에 빠뜨렸던 것이 나를 대신해 조금이나마 복수해주었던 거라고 생각했기 때문이다. 그자가 죽은 뒤 화장터로 가는 버스 창으로 들어오는 햇빛에 나는 처음으로 가벼운 마음으로 웃을 수 있었다. 정말 살 것 같았다. 그 후로도 친족들은 '왜 아버지를 미워했냐'며 나를 괴롭혔다. 영원히 그자는 아내를 잃고 힘들게 자식을 키우다가 죽은 좋은 사람으로 남았다. 나는 그의 무덤을 파헤치고 온 세상에 그자가 한 짓을 외치고 싶었다. 하지만 무엇을 한다 해도 내 한이 내 피해가 없어지지 않는다는 것을 깨닫는 데는 긴 시간이 걸리지 않았다. 그간의 참담한 내 이야기를 다 듣고도 여전히 동생은 내 앞에서 그자를 추억하며 미소 짓는다. 엄마의 유일한 혈육이라 털어놓았는데 외삼촌마저 여자의 육신은 별것 아니니 이제부터라도 교회 다니고 운동하라며 눈물을 쏟아내는 나를 다그쳤다.

이런 세상이 끔찍하고 사람들이 모두 싫었다.

잘못한 것은 그자인데 오랜 세월 내가 나 자신과 세상을 원망하며 끝없는 부조리함 속에서 삶의 희망도 저버린 채 살아와야 했다는 것이 기가 막히다.

그자가 죽고도 성폭력의 후유증은 나를 살 수 없을 만큼 피폐하게 했다. 더 이상은 살 수 없다고 느꼈을 때 나는 30년 만에 내 성폭력의 역사를 종이에 적어 한국여성의전화에 전화를 걸어 내 일이 아닌 듯 무감각하게 읽으며 처음으로 드러냈다. 두 달 후 상담을 받기 시작했고 상담소에서 알려준 희망의전화는 내가 애용하는 세상과의 통로가 되었다. 점점 더 심해지는 상황 때문에 절망의 나락으로 떨어진 나는 또 다른 이의 도움으로 쉼터에 들어가게 되었다. 누구든 나를 살려달라는 심정으로 쉼터에 들어서자마자 쓰러졌다.

쉼터의 활동가와 생활인들은 지지고 볶는 가족이 무엇인지 처음으로 알게 해주었고, 나의 진짜 가족이 되었다. 그곳은 내가 새로 태어난 곳이자 고향, 친가가 되었다.

그 후로도 계속 성폭력 피해자 지원 상담을 받고 병원을 다니며 남들처럼 살려고 애썼다. 배우고 강연을 쫓아다니고 내게는 어마어마하게 큰돈을 들여 인지치료도 받았다. 명상을 배우고 요가를 배우고 사람들을 만나고 일을 하고 공부하고 탐색하고 모색했다. 살기 위해서, 가족이라는 이름 뒤에 숨어 모든 피해와 책임을 개인에게 떠넘기는 곪아터진 사회를 고치기 위해서 도움이 되는 것이라면 무엇이든 해왔다.

치유를 위해 몇 년이나 쏟은 숱한 노력과 돈으로, 수많은 기관의 도움과 국가에서 나오는 소정의 지원금, 수많은 사람의 노력과 도움으로 30년도 더 된 지금에야 나는 겨우 안정적으로 숨을 쉬고 다시 살아간다는 희망을 가질 수 있게 되었다.

하지만 여전한 의문은, 사회가 왜 이 극악한 범죄자들을 보호하며 피해자인 아이를 그 손에 맡겨놓는 것도 모자라 아이가 자라서 법에 호소해도 제대로 처단하지 않고 범죄자들이 편안하게 인생을 살아가게 하는가 하는 점이다. 지금도 수많은 아이가 친족에 의해서 고통받고 숨죽여 살고 있는데 말이다.

친족 아동 성폭력은 아동 피해자의 일생을 고통으로 얼룩지게 하고 피해자를 지배하며 놓아주지 않는 지독한 범죄다. 누구나 그 대상이 될 수 있고 사회적으로도 막대한 피해와 비용을 야기하는 범죄다. 그것을 밝히고 알려줄 사람을 나는 평생 기다려왔는지도 모른다.

하지만 그런 사람은 아무도 없었기에 지금 내가 직접 내 입으로 그것을 말하고 있다.

성폭력은 특별한 일이 아니다. 말, 작은 스침, 데이트폭력, 성적 학대, 살인까지. 나 또한 친족 아동 성폭력, 교생 선생에 의한 아동 성폭력, 중학교 2학년 내내 계속되었던 선생의 성추행, 데이트 강간, 수많은 성추행과 성희롱에 시달려왔고 강도에 의한 트라우마로 인해 굉장한 공포를 안고 살아간다. 더는 성폭력을 안 당한다는 보장도 없다.

가해자는 어디에나 살고 있고 우리는 피해자다. 우리는 그 세계 안에 살고 있으며 공동체의 우리 모두 직간접적으로 그 피해자라고 나는 생각한다.

가족에게 성폭력을 저지르고 버젓이 살아가는 친족 성폭력범들은 내 가족, 내 이웃, 내 직장 동료, 심지어는 내 배우자로 어디에나 존재할 수 있다는 것이 우리가 알아야 하는 현실이다.

가장 연약한 사람은 아이다. 그 연약한 몸과 마음은 훼손되기가 너무 쉽다. 양육자의 온갖 노력과 그 자신을 희생하는 애태움 속에서 비로소 죽지 않고 삶을 유지할 수 있는 것이 아이다. 자신의 소중한 목숨과 몸과 마음을 지킬 수 있는 힘이 아직 아이의 손에는 있지 않다. 타인의 손에 달린 생존이기에 그 타인에게 휘둘리는 것은 당연하다.

자신의 생사에 관한 권한을 쥐고 있는 타인이 자신에게 무슨 짓을 해도 참고 견딜 수밖에 없는 것이 아이다. 끔찍하지만 그것이 지금의 사회다. 모든 것은 오롯이 아이가 안고 갈 수밖에 없다. 나는 이런 사회가 너무나 답답하다.

내 작은 힘으로 할 수만 있다면 반드시 친아버지에게 형벌을 내리고 싶어 판결문을 썼다. 이미 죽은 가해자임에도 고소장을 써서 경찰서에도 갔다. 다른 피해자와 이야기를 나누고 책도 읽고 온갖 종교와 역사를 훑고 다 찾아봤지만 친족 성폭력에 대해 엄하게 경고하고 책임을 묻는 사회는 찾기 힘들었다. 그렇게 친아버지에 대한 판결은 내 손으로 이루어질 수밖에 없게 되었다.

구형 시기는 시간을 거슬러 범죄 당시로 가정했다.

'친부의 친권을 즉시 박탈하고 피해자에 관한 모든 법적, 사회적 관계를 파기하며, 피해자와 그 동생의 양육권은 국가가 환수하여 성인이 될 때까지 무사히 성장할 수 있도록 가해자로부터 분리하여 보호하고, 가해자에게 의존하지 않아도 기본적 생활과 교육이 가능하도록 법으로써 보호한다. 가해자의 형량은 실형 40년으로 나왔으나, 그 죄질이 사회의 공익을 심각하게 해치므로 80년 형을 선고하고, 동생이 진술하지 않았어도 같은 피해를 당했다는 사실관계를 유추할 수 있으므로 총 120년 형을 언도한다. 가해자는 피해자와 사회에 입힌 피해에 대해 오랜 기간 사죄해야 할 것이다. 가해자에게 어린 피해자가 느꼈을 고통과 공포를 똑같이 느끼도록 하는 형벌을 지속적으로 집행할 것이며 원한다면 누구나 방청할 수 있다. 가해자 사망 시 국가가 처리하며 피해자에게 알려야 하는 의무적인 법적 규제는 없다.'

이것이 내가 사회에 요구하는 전부다. 어린아이가 생존할 기회를 열어주기를 바란다. 폭력이 지속되는 환경에서, 아무 말 못 하고 자신이 오히려 죄인으로서 성인이 될 때까지 살다가 병들고 죽는 일이 생기지 않도록, 당연한 권리를 가장 약하고 우선 보호해야 할 국민인 어린이에게 주기 바란다.

나는 죽는 것보다 사는 게 더 힘든데 왜 계속 살아야 하는지는 여전히 모르겠다. 하지만 괴롭거나 비참하더라도 계속해서 살아간다. 어떻게든 살아갈 생각이다. 처벌할 수 없는 가해자에 대한 분노와 내가 입은 막대한 피해에 대한 보상은 미약한 사회적 인식과 법제 때문에 포기되었지만, 대신 현재의 나에게 집중해서 정성을 들이기로 했다. 내가 사는 이 무거운 하루하루가, 내가 힘들게 내딛는 발걸음 하나하나가, 무엇이든 생존자로서의 당연한 생의 추구, 성폭력 해방의 길로 나아가는 길이기 때문이다.

나는 살아가고 살아가고 살아갈 것이다. 범죄자에게 휘둘리는 가여운 아이로서 성인이 되어서도 입이 틀어막힌 채, 아무 일 없어 보이는 수많은 우리가 여기에 살고 있다.

그 후의 이야기

내가 왜 자꾸 살아나고 살아가고 있는지 어렴풋이 알게 되었다.

엄마 때문이다. 엄마는 내게 더없는 사랑과 인내심을 보여주었다. 엄마를 어린 나이에 잃은 것보다 엄마라는 사랑 많은 사람이 일찍 세상을 떠났다는 것이 더 아팠다. 나는 그런 소중한 사람을 잃었는데, 엄마를 사랑한다는 아빠는 엄마의 딸인 나에게 성폭력을 가했다. 그 사실이 그토록 가슴 아팠으나, 이제는 안다. 지겹도록 살기 위해 애쓰고, 세상에 대한 희망을 포기하기 마땅한 상황 속에서도 미래에 대한 희망을 품는 이유는 엄마 때문이라는 것. 어떤 삶이 기다리고 있더라도 엄마가 살지 못한 세상을 나는 살려고 일어나고 일어난다는 것. 또 어렴풋이 느낀다. 세상은 반드시 변하리라는 것을. 더 이상 약자가 아닌 '스스로 말하는 주체'로서의 우리가 하나가 아니고 둘도 아니고 이렇게나 많다는 것을 알았기 때문이다.

'살아서 만나자, 생존자들. 꼭 살아서 해방이 된 날, 단죄가 된 날, 치유가 된 날, 우리의 축제 같은 바로 그날, 같은 하늘 아래서 모두 같이 만나 웃자.'

그때 서로에게 말하고 싶다. '잘 살아왔더라'라고.

9장

나는 아동 친족 성폭력 생존자다

푸른나비

2019년 6월 24일 친족 성폭력 공소시효의 폐지를 원한다는 청원 글을 올렸다.

나는 아동 친족 성폭력 생존자다.

아빠 가해자는 내가 여덟 살 때부터 10년 동안 손과 입으로 유사강간을 하고 성폭력을 가했다. 엄마 가해자는 아빠가 내게 이런 일을 한다는 사실을 알고 있음에도 모른 척했다. 오히려 일상 속에서 폭력으로 나를 학대했다.

딸이 대학에 가야 하니 그만하라는 엄마의 말에 가해자의 성폭력은 멈췄다. 열여덟 살의 어느 날 밤, 이불 속에 엉켜 있던 두 사람의 행위 소리가 멈추고 나서 엄마 가해자가 속삭이는 말투로 그렇게 말하는 것을 나는 어렴풋이 들었던 것 같다.

10년이라는 성폭력 기간 중 중학교 2학년 때부터 고등학교 2학년 때까지 4년간의 기억이 내게는 없다. 내가 감당할 수 없는 것 이상의 기억은 단절되었다.

생존자 모임에 꾸준히 나가면서 내 경우를 '해리 현상'이라고 부른다는 걸 알았다. 그 말을 처음 들었을 때 그동안 영화나 소설에서만 보던 해리 현상을 내가 겪었다는 것을 인정하기 어려웠다. 미쳤거나 이상한 행동을 하는 여주인공으로 묘사되든가 결국 죽는 존재로 표현되기도 해서 살아 있는 나로서는 나 자신이 그렇다는 생각을 하지 못했다.

문득 고교 시절의 친구가 내가 울면서 엄마에게 심하게 맞은 일을 털어놓았던 적이 있다고 알려주었다. 나는 그 말을 한 기억 자체가 없을 뿐 아니라 어떻게 맞고 무엇 때문에 그런 일을 털어놓았는지조차 알지 못한다. 그 친구는 내 상황이 몹시 심각하니 그런 부모에게서 떠나 살았으면 좋겠다고 했다. 친구가 말하는 나 자신을 인정하기 싫었고, 또 학대받은 사실을 들킨 듯해 그 친구와는 저절로 멀어졌다.

나는 학대당한 수많은 기억을 잃어버렸고 나 자신이 겪은 말도 안 되는 일을 마치 남의 일처럼 말했다. 그 후에도 여러 번, 아주 오랫동안 그렇게 살아왔다는 것을 조금씩 깨달았다.

국민청원을 하기로 결심한 것은 뉴스에서 봤던 어린 중학생 소녀의 죽음 때문이었다. 소녀는 평생을 학대 속에서 살다가 부모에게 살해당했다. 친아버지에게는 어릴 때부터 신체적 폭력을, 의붓아버지에게는 성폭력을 당했다. 소녀의 친엄마는 의붓아버지의 성폭력이 밝혀질까 봐 의붓아버지가 친딸을 살해하는 것을 함께 도왔고, 결국 소녀는 두 가해자의 손에 처참하게 죽었다. 그 기사는 늘 그렇듯 냄비처럼 들끓다가 가해자들의 신상은 밝혀지지도 않은 채 덮였다.*

세상은 평생을 학대 속에서 살다간 어린 소녀의 불행한 삶에는 관

* 「의붓아버지 성범죄 신고했다 살해당한 여중생… 경찰은 외면했다」, 『국민일보』, 2019. 7. 18.

심이 없었다. 나는 집 앞 공원에서 산책하다 주저앉아 울었다.

이건 정말 아니야.

청원을 하다

학대로 평생 불행했던 소녀의 죽음이 세상에서 묻히는 것이 가슴 아파 재판이 열리는 광주법원에 참석하겠다고 혼자서 무작정 찾아갔다. 제대로 된 정보가 아니어서 결국 재판 과정은 보지 못했지만 돌아오는 길에 그 아이에게 말을 걸었다.

"친엄마란 사람이 네가 죽길 바랐던 가해자였으니 너랑 나는 같아. 다만 나는 아직 살아 있을 뿐이야."

너와 나를 위해 내가 살아 있는 동안 내 일을 말하겠다고 눈물을 삼키며 결심했다.

친족 성폭력의 경우 피해자를 보호하기 위해 가해자의 신상을 밝히지 않는다는 말은 들은 적이 있지만, 이 경우는 피해자가 세상에 없는데 왜 가해자의 신상을 공개하지 않는단 말인가. 법은 마치 살아 있는 가해자를 보호하기 위해 있는 것 같았다. 온 세상이 이 일에 분노하지 않는다는 것이 원망스러웠다.

법적으로는 아무것도 할 수 없지만 1인 시위라도 해야겠다는 결심과 함께 소녀의 일을 엮어서 글을 써 한국성폭력상담소에 기고했다. 나중에 그 글은『여성신문』에도 실렸다. 그래도 마음이 가라앉지 않았다. 청와대에 있는 대통령에게 편지를 쓸까 하다가 내가 겪은 일을 누구든 알 수 있도록 국민청원을 준비했다. 내가 살아온 것에 대해 수치스럽다고 말하거나 비난하지 않으면서 진실을 알아주길 원했다. 그것의 주체는 나 자신이기도 하고 나를 바라보는 타인들이기도 했다.

우선 청원 전에 글에 담을 내용을 정하기 위해 함께하는 친족 성폭력 생존자들에게 질문을 던졌다. 자신이 겪은 일이 개인의 불행 때문이라고 생각하는지 아니면 사회가 책임져야 한다고 보는지 물었다. 대부분은 사회적인 책임이라고 답변했고 개인의 불행과 사회적 책임 둘 다라고 답변한 한 명의 의견이 있었다.

친족 성폭력 생존자 전원이 2차 가해로 인한 고통을 심하게 겪었다. 가부장제 속 권력관계 안에서 철저히 약자의 위치에 있었기 때문에 자신이 겪은 일이 모두 없었던 일로 치부되거나 가족 간의 일이므로 밖에는 누설하면 안 되는 것이 되었다. 친족 성폭력 생존자는 가족 안에서 피해를 겪기 때문에 가해자나 그 외의 가족들로부터 철저히 고립되곤 한다.

나는 어떻게든 긴 세월을 살아왔지만 나보다 앞으로 살아갈 날들이 더 많은 친족 성폭력 생존자들이 부모라는 자원 없이 지낼 것이 안타깝고 걱정되었다. 아무리 시대가 변했어도 내가 자라온 과거와 여전히 같은 지금의 현실을 말하고 싶었다.

그리고 공소시효가 끝나 고소 고발조차 할 수 없는 경우는 가해자에게 제대로 사과받지도 못하는 데다 범죄자인 가해자들이 오히려 당당하게 나오곤 한다. 고소 고발을 할 수 없는 법 제도로 인해 고통받는 이가 많다는 의견을 적는다면 우리가 겪은 일을 가장 효과적으로 알릴 수 있을 듯싶었다.

공소시효 폐지와 상관없이 나는 나의 가해자들을 굳이 고소 고발할 생각이 없었다. 그것이 죄라고 아무리 말해도 순순히 인정할 그들이 아니었다. 다 늙었는데 이제 와서 옛날 일을 말해서 뭐하니, 라는 엄마 가해자의 말이 내 귓가에 맴돌았다.

그들이 사과한다고 해서 지금까지 불행했던 내 삶이 온전히 돌아올 것도 아니었다. 그들을 벌하고 싶지도 않았고, 그들에게 용서를 빌라고 요구하고 싶지도 않았다. 그들 자신도 살아 있는 것 자체가 너무 부끄럽고 고통스러워 아무리 죽기를 원해도 죽을 수 없기를 바란다. 그리고 내게 아무리 '보상'이라는 것을 해준다 해도 그것으로는 내 삶과 시간을 되돌릴 수 없다.

더 깊은 곳의 아주 솔직한 내 마음은 사실 아직도 그들이 두렵다는 것이다. 너무 많이 맞아서. 마치 내 몸의 세포 하나하나가 폭력을 기억하고 떨고 있는 느낌이랄까. 원가족이 사는 동네만 떠올려도 머릿속이 아득해진다. 차를 타고 그 동네를 지나칠 일이 생기면 보지 않으려고 저절로 내 몸을 차 창문 밑으로 숨기게 됐다.

다섯 살 때쯤일까, 정확하게 기억나진 않지만 아빠 가해자가 마당 안 커다란 돌절구에 나를 던졌다. 집 대문을 열고 들어오더니 나를 자신의 옆구리에 끼고 성큼성큼 걷다가 내 몸을 들어올려 돌절구 위로 던진 것이다. 돌절구에는 빨간 고무대야가 덮여 있었는데, 나는 내 몸이 하늘에 붕 떠 있던 그 순간에도 입고 있던 원피스가 바람에 들춰져서 조그만 내 속옷이 보일까봐 걱정되었다. 바닥에 떨어지고 나서야 아빠가 왜 갑자기 나를 던졌을까 하는 의문이 들었다.

주변에 모인 사람들은 큰일 날 뻔했다며 다행히 고무대야가 깨져 튕겨나가지 않아 죽지 않았다고 했다. 병원에 데리고 가라는 주변 사람들의 말에 엄마 가해자는 아빠가 세게 던진 것이 아니라 살살 던졌을 뿐이라고 말했다. (나중에 다시 떠올린 기억으로는 그 주변 사람들이 바로 대가족의 구성원이었던 친가 쪽 사람들이었다. 내가 일상적인 폭력과 심지어 성폭력까지 겪고 있다는 것을 친가 쪽 친지들은 이미 알고 있었다.)

피로 범벅 된 머리와 찢어진 눈가를 바늘로 꿰매며 의사는 아프냐고 물었다. 나는 하나도 아프지 않다고 대답했고, 단지 병원이 매우 좁고 낡았다는 생각만 했다. 눈가의 찢긴 흉터는 눈썹으로 가려져 어느새 희미해졌고 그 당시 아픈 느낌이 없어서였는지 그런 일은 있을 수도 있는 것이라고 여겼다.

그즈음 잠들어 있던 나를 아빠는 느닷없이 주먹으로 때리며 깨웠다. 눈앞에 별이 팡팡 터지면서 번쩍였다. 그렇게 맞고도 딱히 아픈 것을 느끼지 못했다.

그 후 아빠가 내게 은밀히 한 일이 떠오를 때마다 그때 돌절구에 던져져서 고통 없이 죽었더라면 차라리 나았을 거라는 생각을 자주 했다. 아빠 가해자가 왜 나를 갑자기 던졌는지는 지금도 모르겠다.

아빠 가해자는 술을 많이 마셨고 큰딸인 나를 선두로 여동생, 큰남동생, 막내 남동생을 일렬로 세워놓은 채 앞으로 뭐가 되겠냐는 이상한 질문을 했다. 그 대답이 마음에 들지 않으면 몇 시간이고 밤잠을 재우지 않았다. 주로 대통령, 장관, 육군 참모총장이라고 대답하도록 시키고 목소리가 작거나 쭈뼛거리면 매질을 가했다.

그 당시 엄마는 어디 있었을까?

여덟 살 여름방학이 지난 어느 날엔가 심하게 부부싸움을 한 뒤 엄마는 집을 나갔다. 동생들은 자고 있었고 아빠는 영문도 모르는 나를 부엌 구석에 세워놓은 채 대야에 물을 담아 내 몸을 씻겼다. 구석구석 온몸을 씻기면서 아빠는 자신이 내게 어떻게 했는지 말한다면 엄마는 영영 돌아오지 않을 거라고 했다.

그 후 내가 잠들어 있을 때 이불 속으로 두툼한 아빠 가해자의 손이 자주 들어와 내 발목을 잡아당겼다. 그때도 엄마가 있었는지 없었는지는 모르겠다. 나는 끌려가지 않으려고 앉은뱅이책상 아래로 몸을 숨겼지만, 어느새 아빠 가해자 곁에 가 있었다.

나는 잘 때마다 엄마가 사라질까 싶어 중간에 깨서 주위를 살펴보는 버릇이 있었고, 어지러운 꿈과 이상하고 나쁜 꿈들을 계속 꾸었다. 지금도 수면 중 자다 깨다 하는데 아마도 죽을 때가 되어서야 가장 편안한 잠을 이룰 수 있을지도 모르겠다. 내가 살아 있는 동안 한 번쯤은 정말 편안한 잠을 자고 싶다는 마음이 간절하다.

청원 이후

청원을 시작하면서 그저 청원 글만 올리면 내 마음이 얼마쯤 진정될 줄 알았다. 쓰고 올리기만 하면 될 줄 알았는데 내 글을 보고 나 자신이 더 분노했다. 여름, 그 뜨거운 햇볕 속에서 여성 단체도 찾았고 안양역 광장에서 공소시효 폐지 동의를 위한 패널 앞에 서서 서명운동을 진행하기도 했다.

내가 당사자임을 표시하지도 않았는데, 친족 성폭력이란 글자가 새겨진 패널만 보고 부끄럽다며 도망가는 사람들이 있었다. 그럴수록 나는 서명을 받으려고 사람들을 일일이 찾아다녔다. 한 달의 청원 기간, 그리고 한참 후에도 내 가슴은 한여름의 날씨보다 더 들끓었다.

청원에 동의한 인원은 4512명.

그때 나는 어릴 적 단 한 명도 못 만났던 어른들을 만난 것 같았다. 난생처음으로 행복이란 단어가 내 입에서 나왔다. 청원 이후 #오빠미투란 주제로 『한겨레21』에 친족 성폭력 생존자에 관한 기사가 실렸다. 기사 내용 중 내 청원 글에 4512명이 동의했다는 것이 짧게 인용되어 있었다. 나는 친족 내 성폭력이 제대로 인식되기 위해서는 이 일을 어떻게든 드러내야 한다고 여겼고 기자가 쓴 글에 신뢰가 느껴졌기에 단 한 번도 안 해본 인터뷰를 수락했다. 곧 친족 성폭력 생존자 두 명과 연대하여 인터뷰를 했다. 나 혼자만의 일이라 생각했던 것을 세 명의 생존자가 함께 말했다. 가족이 없었던 내게 가족 이상의 힘을 주는 누군가가, 내 말을 듣고 공감하면서 행동까지 같이한 최초의 경험으로 의미가 컸다.

내가 이렇게 친족 성폭력 생존자를 만나게 된 계기는 여동생의 2차 가해 언어 때문이었다. 아빠 가해자에게 겪은 일을 말하면서, 네가 다음 차례가 될까 싶어 홀로 견뎠다고 했더니 "그건 언니가 반항하지 않아서야"라고 동생은 말했다. 그 말은 나에게 사형 선고와도 같았다.

나는 늘 세 명의 동생을 돌보는 큰언니이자 큰누나였고, 여동생은 그런 나에게 너무 착하게 살지 말라고 했던 아이이다. 아빠 가해자 일로 죽고 싶은 마음을 매일 견디면서 지냈는데 그때 여동생의 말은 대놓고 너는 죽어버려야 한다는 뜻으로 들렸다.

현재 딸을 키우고 있는 엄마로서 평생 이 일을 비밀로 간직하려 했지만 죽을 것 같아 살려고 처음으로 상담사에게 털어놓았다. 상담 선생님은 폭력을 당했는데도 스스로 인식하지도 못하며, 자신의 고통을 웃으면서 담담히 말하는 나를 대신해 울어주었고, 그 눈물 때문에 나는 내가 겪은 일을 다시 기억했다. 선생님이 가해자 부모에게 화를 내도 된다고 조언하자, 나는 과거를 하나씩 직면하면서 분노를 터뜨렸다.

그 뒤 나와 같은 생존자를 만나고 싶다는 열망이 생겨 생존자 자조모임에 참여했다. 나와 같은 경험을 가진 이들이 극소수일 줄 알았는데, 어느새 모임의 참석자 80~90퍼센트가 친족 성폭력 생존자였고 우리는 자신이 혼자가 아니라는 사실에 놀랐다. 그렇게 만나 공감하는 것은 좋았지만 그 공감은 몹시 슬프고 아팠다. 우리가 당한 일은 아주 흔했고 일상적인 것이었다. 그리고 아무도 알고 싶어하지 않는 불행의 서사였다. 집안에서 일어나는 일이기에 다수가 침묵하고 가족 내 비밀로 부쳐 드러나지 않는 가족 '범죄'였다.

나의 기억

내가 그린 그림이 잡지 표지에 실렸다. 성기를 닮은 입과 눈 모양, 손과 다리가 엉켜서 몸부림치는 그림이었다. 그것은 내 기억에 대한 습작과 같은 것으로, 내가 무슨 일을 겪었는지 몰랐을 때 무의식중에 그린 그림이었다. 내 의식은 내가 겪은 일을 모두 기억하지 못했지만, 내 몸은 분명히 뭔가를 기억하고 있었다.

어릴 때 아빠 가해자에게 밤새 시달리고 나면 그다음에는 엄마 가해자가 사사건건 나를 폭력으로 괴롭혔다. 몽둥이는 물론 빗자루, 연탄집게, 밥상, 빨랫방망이, 세숫대야, 고무호스, 의자와 프라이팬 등 손에 잡히는 집 안의 모든 집기가 나를 향한 폭력의 도구가 되었다.

어느 날 엄마 가해자는 이유도 없이 어린아이인 나의 머리칼을 큰 손으로 움켜쥐고 사방 벽에 돌려가며 찧었다. 그러다 내 머리가 모서리 어딘가에 부딪혀 피가 나며 벽지에 튀었다. 잠들기 전에 보니 벽지에 튄 내 핏자국이 몹시 부끄러웠다. 감추고 싶어 벽지에 예쁜 소녀를 그리고 긴 머리칼과 리본으로 덧칠해 내 상흔을 숨겼다.

또 어느 날에는 엄마의 주먹질로 방바닥에 쓰러졌고, 엄마가 쥐고 흔들어 수북이 떨어진 내 머리칼을 보게 되었다. 비닐장판에 달라붙은 머리칼을 손으로 쓸어 모아 공처럼 굴려보았다. 머리카락으로 뭉쳐진 공이 어느 정도 크기까지 되는지 바닥에 누워 멍하게 바라보기도 했다. 아마 그때 맞은 것 때문에 내 한쪽 귀가 난청이 된 것은 아닐까 추측한다.

대학 시험 전날에도 자신이 원하는 높은 수준의 대학에 응시하지 않았다는 이유로 나를 때렸다. 그때는 잠시 정신을 잃었던 것 같다. 엄마가 도시락도 제대로 안 싸주고 어떤 돌봄도 제공받지 못한 상황에서 내 나름대로 최선을 다한 선택이었는데도 엄마는 만족을 몰랐다.

나는 오랫동안 나 자신이 맞을 만큼 잘못했다고 생각했고, 엄마에게까지 버림받을까봐 두려워했다. 그 일로 잘되고 싶다는 내 안의 사회적 욕구는 사라졌던 것 같다. 엄마가 한 요구가 처음부터 말이 안 되는 것이었으며, 아무리 맘에 들지 않았다 해도 대학 입시 전날 자식을 때리는 부모는 거의 없다는 것을 아주 오랜 시간이 지난 뒤에야 알게 되었다.

엄마 가해자는 내가 어떤 일을 겪고 있는지 처음부터 알았다. 몇 년 전 여동생은 내가 어릴 적 기억을 잘 하지 못한다는 사실을 알고 나에 관한 일을 엄마에게 캐물었다. 엄마는 장롱 속에 숨어서 아빠 가해자가 어린 나를 어떻게 다루는지 지켜보았다는 말을 했다고 한다. 덧붙여 내 출생에 대한 비밀도 함께 전해주었다.

엄마는 나를 임신해 배가 부른 상태에서 아빠 가해자를 만나 종교색 짙은 대가족의 며느리가 되었다. 친가의 가족들은 태어난 나를 보고 딸이라서 아빠에게 성폭력을 당할 것을 예상했다고 한다. 여동생이 전해준 말들은 엄마와 친가 쪽 친지들이 내가 어떻게 될지 뻔히 알면서도 모른 척 방치했다는 것을 확인시켜줬지만, 다른 한편 마치 내가 태어난 것 자체가 처음부터 잘못이라고 손가락질하는 것처럼 들렸다.

출생의 비밀을 알게 된 것은 내가 대학교 2학년 때쯤 연애에 실패하고 나서 그 원인이 아빠 가해자가 한 일 때문인 듯해 처음으로 엄마에게 떨면서 아빠와의 일을 털어놓았을 때였다. 엄마는 더 심한 일을 겪은 사람도 있다는 말과 더불어 아버지는 친아버지가 아니니까 그나마 다행이라며 더는 말을 못 하도록 막았다. 그 짧은 두 문장에 나는 되묻지도 못했다. 단지 더 심한 일이라는 말이 무슨 뜻인지 궁금했다. 당시 나는 내가 아버지의 친딸이 아니라는 사실을 들으면서 놀라지 않았다. 아마도 난 집안에서 내가 어떤 존재로 태어났는지를 어릴 적부터 깨닫지 않았나 싶다. 그래서였을까? 엄마에게까지 버림받을까봐 두려워하는 극심한 유기불안과 함께 내가 어디서든 쓸모 있어야 한다는 강박에 평생 동안 시달려왔던 것 같다.

엄마 가해자는 집안일을 몹시 싫어했고 참 못하기도 했다. 집안의 장녀는 살림 밑천이라는 말로 기본적인 청소와 동생들을 돌보는 일, 밥 짓는 일을 내게 시켰다. 하지만 외출 후 돌아왔을 때 자신 없이도 네 명의 아이가 잘 지내고 있는 것을 보고는 더 화가 난다며 우리를 혼냈다.

내가 예닐곱 살 때쯤이었나, 술 마시며 돈을 탕진하는 아빠 때문에 엄마는 나머지 자식들은 둔 채 젖먹이 막내 남동생만 데리고 집을 나갔다. 아무리 기다려도 부모님이 오지 않자 여동생이 "언니 배고파"라고 기운 없이 말했다. 남동생도 말없이 구석에 쓰러져 있었다. 어린 나는 동생들이 죽을지도 모른다는 공포심에 휩싸였다. 부엌과 찬장을 다 뒤졌지만 먹을 게 하나도 없었다. 간신히 찬장 속에서 사카린을 찾아 대접에 물을 붓고 몇 알을 타 여동생에게 떠먹였다.

나중에 안 일이지만 엄마는 아빠에게 돈이 없으면 애들이 굶는다는 것을 보여주겠다며 일부러 집 안에 먹을 것을 다 없애놓고 나갔다고 했다. 이후로 나는 한 끼라도 굶으면 동생들이 죽을까봐 챙겨주고 걱정하는 버릇이 생겼다. 그렇게 내가 어느새 동생들에게 엄마 노릇을 하고 있다는 것도 인식하지 못한 채 이 이상하고 알 수 없는 가족을 위해 어떻게든 내가 잘하면 좋아질 거라고 굳게 믿었다. 그리고 그렇게 해야만 내가 살 수 있었다.

엄마는 내가 공부를 잘하면 돈이 든다며 반장도 하지 말라고 했고, 상장을 타와도 과거에 자신이 얼마나 더 잘했는지를 말하면서 딸인 나를 무시했다. 내가 그림을 즐겨 그린다는 것을 알고는 그림을 그리다 미쳐서 우물가에 있는 나무에 목매달아 죽은 친척이 있다며 너도 나중에 그렇게 될 거라고 저주했다.

그런 저주를 받았던 내가 그린 그림이 우연히 친족 성폭력을 고발하는 잡지에 표지 일러스트로 실렸을 때 엄마 가해자가 날 향해 쏟아부은 저주의 말들이 풀리는 느낌이었다. 그제야 나는 나를 위해 목 놓아 울 수 있었다.

나는 어린 시절에 겪은 학대를 알고 있어도 그 의미가 무엇인지는 잘 몰랐다. 세월이 흐르자 기억은 어느 순간에 떠올라, 현재의 나에게 과거가 어떤 의미인지를 알려주곤 했다.

몇 년 전 연극 테라피를 할 때 가족 안에서 학대받는 장면을 연출하면서 어떤 사람이 맞고 있었다. 그때 관객이었던 나는 나도 모르게 연극에 뛰어들어 "내 동생이 죽어요"라고 소리치면서 오열했다. 나도 모르던 내 모습이 튀어나오자 몹시 당황했고, 그때부터 기억이 하나 둘 구체적으로 떠올랐다. 나는 어릴 적 엄마에게 맞고 있는 큰 남동생을 내 품에 끌어안고 대신 맞았다는 사실을 기억해냈다. 나는 엄마가 나를 때리다 엄마 팔에 힘이 빠지면 동생이 더는 맞지 않을 것이라 믿고 그 자리에서 꼼짝 않고 내내 있었다. 엄마는 그런 나를 보고 도망가지도 않는 멍청한 년이라며 욕설을 퍼부었다. 나는 동생들을 어떻게든 보호하고 싶었고 엄마 또한 아빠란 가해자 때문에 정신이 이상해졌다고 생각했다. 엄마도 아빠에게 매 맞는 아내였기 때문에 어떻게든 엄마를 구하고 싶었다.

여리고 어린 내 마음속에는 '가족'이라는 말이 너무 깊이, 간절함을 품고 얼어붙어 있었던 것이다. 심리학적으로 내 마음을 풀어본다면, 원가족 안에서 어떻게든 살아가려는 생존에 대한 처절함이 있었을 것이다.

다른 한편 마구 화풀이하는 가해자 엄마와는 다르게 살고 싶다는 의지도 강했다. 그래서일까, 나는 내가 겪은 모든 일에 대한 분노의 싹을 아예 잘라 없애야 했다. 화가 나면 상대가 누구든 맞붙어 싸우고 함부로 말하는 성격장애의 가해자 엄마를 닮을까봐 그것이 몹시 두려웠다. 또한 내 주위에 일어나는 불합리한 일들에 대해 쉽게 화낼 수 있는 상황도 아니었다. 화를 내면 내 생명은 위험에 처했을 것이다. 가해자 손으로든, 내 손으로든 죽을 수 있었기 때문에 성장하는 나에게 분노란 필요치 않은 감정이었다.

그러나 내 기억과 마음속 깊은 곳에서 울리는 음성은 두 사람 다 가해자라고 말한다. 엄마란 존재가 나를 폭력으로 방조한 것만이 아니라 둘 다 똑같은 가해자라고 말한다. 그러면서 내 기억은 늘 어딘가 단절되어 있어, 많은 말을 하지만 그 말을 나조차 믿을 수 없었다. 이를테면 어떤 화면이 스쳐 지나가는데 감정은 느껴지지 않는다. 그 장면들은 아주 구체적이고 무서운 내용인데도 감정과 느낌이 없을 뿐 아니라, 그것이 실제로 일어났던 일인지 따지다가 결국 내 기억을 의심하는 것으로 끝난다. 가해자가 거짓말을 하는 것처럼 혹시라도 나 역시 거짓말을 하는 게 아닌가 싶어 나 자신을 부정했다. 이런 나의 말을 들은 다른 생존자는 그런 것을 고민하게 하는 것 자체도 가해자 탓이라고 말해주었다. 그 말 한마디가 우울과 기억의 고통에 가라앉은 내 맘을 다독여주었다.

다짐 그리고 선언

나는 자조모임에 오기 전 성폭력 생존자 온라인 카페('이후')에서 오랫동안 내 심정을 글로 써서 올렸다. 어느 날 온라인 속 한 생존자도 나처럼 자살충동에 시달리고 있다는 걸 알게 돼, 우리는 서로 죽지 말고 함께 자연사하자고 댓글로 약속하기도 했다. 언젠가 우리가 겪은 일들을 이 사회에 알려야겠다는 마음으로 광장에 모두 나와 촛불을 들자고 생존자들끼리 다짐했다.

서로를 바라보는 것이 마치 거울 속 나를 보는 것 같아 몹시 두렵고 아픈 우리. 기본적인 돌봄을 받지 못하고 자라 자신에 대해서나 타인에 대해서나 믿음을 갖지 못한다. 스스로 어떻게든 살아남아야 하는 우리는 서로를 바라보면서 하루만큼씩의 분량을 살아나갔다.

그러다 온라인으로 만났던 생존자를 기적처럼 자조모임에서 만나 둘이 함께 광장에 나가 기존의 성폭력 법에 대한 개정 촉구를 요구하는 발언을 했다. 앞으로 가족 내 '범죄'는 절대 용서하지 않겠다고 서로 울며 선언했다.

네가 착해서 그랬다는 아빠 가해자의 말.
부모를 용서하지 않아서 네가 불행하다는 엄마 가해자의 말.
전생에 네가 죄를 지어 그런 일을 당했다는 이모의 말.
누나가 원래 마음이 너무 약해서 과거를 이겨내지 못한다는 막내 남동생의 말.
반항하지 않아서 그랬다는 여동생의 말.
부모를 원망하지 말라는 지인의 말.
너무 부끄러운 일이니 그런 일은 말하지 말라는 종교인.
내 일을 말했더니 철저히 외면하면서 그것을 이해하라는 친구.

내 애기를 듣고 자신이 평범하게 살아온 것이 오히려 행복한 일임을 깨달았다며 신께 감사하겠다는 친구.

과연 내가 겪은 걸 다 알고도 그런 말을 내게 할 수 있었을까?

몰랐어도 내가 들어야 할 말들은 아니었다. 세상은 가해자에게 무슨 말을 할까? 가해자가 행한 일보다 내가 겪은 불행한 일들을 말할 때 쏟아지는 나를 평가하는 시선과 판단. 나는 그것이 내가 겪은 고통보다 더 아프고 아프다. 떠오르는 기억이 고통스럽기보다 기억 이후 일상을 유지하지 못하는 사람이 될까봐 두렵고, 내 이야기가 성이란 소재로 소비될까봐 두렵다.

한동안 나는 내가 기억하지 못했던 일들이 올라올 때마다 어떻게 그런 상태로 여태껏 살았냐며 나 자신을 더 탓했다. 나쁜 기억들로 가득한 채 세상과 가족, 신에게까지 버림받았다고 여겨져 더 부끄러웠다. 그렇게 얼굴을 들지 못한 채 고개를 숙이고 걸으며 내 눈물이 땅바닥에 떨어져 스며드는 것을 지켜보았다.

용서의 나라는 없다
우리는 울면서 싸운다

결국 2차 가해를 한 여동생은 내게 출생의 비밀과 내가 기억하지 못했던 엄마 가해자의 악행들을 더 말해준 뒤 투병을 하다 죽었다. 가해자 엄마 대신 내가 해준 밥을 먹고 싶어 끝까지 나를 찾았던 동생. 나도 그 애를 무척 사랑했지만 여동생의 죽음 앞에서도 그녀를 용서할 수는 없었다. 가해자를 그대로 놔둔 채 용서하길 바라는 이 나라도 결코 용서하지 않겠다고 다짐했다(용서의 사전적 의미는 "지은 죄나 잘못한 일에 대하여 꾸짖거나 벌하지 아니하고 덮어줌"이라고 되어 있다).

나는 그동안 겪은 고통보다 더 큰 존재로 현재 살아 있다. 성폭력으로 인해 망가지고 고립되며 상처 입어 아무것도 할 수 없었던 데서 벗어나 이 사회에 당당히 말하며 적극적으로 자신의 삶을 이끌어가려는 존엄한 생존자라는 이름으로 살아간다. 가해자만을 위한 이 세상의 전쟁터에서 울면서 싸우는 생존자다.

내 기억은 여전히 잔인하고 지금도 날뛴다. 아픔이 느껴지지 않는 이런 나의 기억을 나조차 의심하고 있지만 나는 예전과 다른 삶을 시작하고 실천하려 한다. 만약 신이 내게 생을 되돌릴 기회를 준다 해도 내 삶에는 되돌아가고 싶은 지점이 없다. 그 일을 겪기 이전의 나 자신을 나는 알 수 없다. 이제 내게 주어진 것은 기억 이전과 이후뿐이다. 결코 기억 이전으로는 돌아갈 수 없다.

이렇게 나를 드러내고 내 얘기를 발설하며 세상을 향해 진실이라는 무기로만 맞서고 있다. 내가 죽기 전에 촛불을 들겠다고 말한 것처럼 언젠가 이 세상 모든 친족 성폭력 생존자들이 자신이 겪은 일을 말하고 드러내길 바란다. 정상가족 신화로 이뤄진 이 나라의 기강이 흔들려도 말이다.

과거의 나는 원가족 가해자들을 가족이란 이름으로 모두 용서하려 했다. 하지만 그 용서하려는 결심이 오히려 가해자들의 먹이가 된 것을 알고서 허망하고 억울해 짐승처럼 울부짖었다. 그리고 앞으로 누구도 나를 이용하지 못하도록 하겠다고 마음먹었다. 내가 여전히 '착한 딸'이란 굴레에서 벗어나지 못하고 있다고 끊임없이 나 자신을 탓했을 때, 나와 같은 생존자는 이렇게 말해주었다.

"그런 돌봄의 능력으로 자신까지 돌봐 여태껏 살아온 거야."

이제는 살아 있는 나 자신에게 잘 살아왔다고 격려할 차례다. 그리고 "생존자는 살아 있으며 그 누구보다 잘 살고 싶다!"고 외쳐본다.

언젠가, 그 누군가가 함께 모두 대답해주길 간절히 바란다.

이젠 그러지 말아요. 우리의 일이에요

어떻게 그런 이상한 일이 있냐며 놀라지 말아요.
내가 아닌 가해자가 한 일이에요.

믿을 수 없다고 말하지 마세요.
나도 믿기 어려웠어요.

그럴 사람이 아니라고 말하지 말아요.
내가 더 그럴 일을 겪을 사람이 아니에요.

어떻게 그렇게 오래 참았냐고 하지 말아요.
가해자가 그토록 오래 죄를 지은 것이에요.

가족이 이상한 것 아니야라고 하지 말아요.
가부장제의 정상가족에서 일어날 수 있는 일이에요.

우리 일을 외면하지 말아요.
우린 목숨 걸고 말한 거예요.

그 일을 어서 잊으라고 하지 말아요.
가족의 일이라 잊을 수 없고 기억하더라도 우리에겐 살아갈 힘이 있어요.

이제 그만 용서하라고 하지 말아요.
가해자는 죄를 인정하지 않고 용서도 빌지 않는데 왜 먼저 용서해야 하나요?

어떻게 살았냐고, 너무 불행했다고 하지 말아요.
그동안 여기까지 잘 살아남았고
우리는 더 행복해질 권리가 있어요.

이제 인생은 끝났구나라고 생각 말아요.
앞으로의 일은 "우리가 함께 해요".

덧붙여 말하자면,
아무도 겪지 말아야 할 일이 아니라
처음부터 아무도 하지 말아야 할 죄였어요.

10장

새

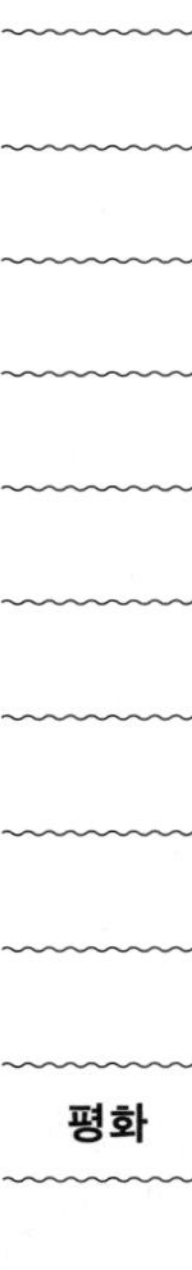

평화

먼지

안녕.

스물하나의 세상은 어때?

손가락 사이에 몽글몽글 피어난 이끼 같니, 아니면 꽃망울에 얹힌 북어 대가리 같진 않니?

가끔은 장작더미의 곰팡이가 되었다가도 푸른 하늘의 핏방울이 되기도 하겠지.

지나가는 강아지 발바닥에 낀 흙 조각은 행복할까? 아니면 역시 집에 있는 고양이의 수염이 편할까?

아, 나는 이제 모르겠어. 아무것도 모르겠어.

어지러운 머리를 떼어놓고 몸통만 깊은 잠에 들고 싶어. 깨어나면 봄이 되도록 푹 잠들고 싶어.

친족 성폭력 생존자의 글쓰기. 얼마를 더 써내야 할지, 또 얼마나 더 말해야 할지, 이 일에 끝이라는 게 있기나 할지 벌써 고통에 가득 찬 마음과 마음들이 뒤섞인다.

나의 삶을 관통하는 아래의 사건들은 나를 나로 설 수도, 살 수도 없게 했다. 내 의지와는 상관없이 나는 어떤 사건의 피해자로, 어떤 사건의 고소인으로, 어떤 사건의 증인으로 오랜 시간을 버텨야 했다.

그리고 아직 끝나지 않은 이야기의 한 자락도 여기에 있다. 나의 울부짖음은 어디에도 들리지 않는 듯하고 나의 삶은 언제까지고 고통 가운데에 있을 것만 같다.

이 글쓰기 모임의 취지와 목적을 나는 잘 알지 못한다. 그저 오늘도 살아남음의 발자국을 남기기 위해, 내가 여기 있고 당신이 거기에 있음을 알기 위해 글을 쓴다. 나와 당신은 모여서 우리가 된다.

우리는 나보다 강하다, 라는 말을 믿는다.

발톱

내 기억은 수많은 사람과 시간들을 건너뛰어 존재하지만 아버지는 내게 최초이자 가장 분노에 찬 기억으로 남아 있다. 그가 좋은 구석이라곤 하나 없이 온전히 좆 같은 새끼인 것도, 마지막까지 더럽고 치사한 인간(모든 인간종을 통틀어 말하는 듯해 기분이 썩 좋지는 않다)이라는 것도 영원히 바뀌지 않을 사실일 터이다.

맏이는 아들, 둘째는 딸, 막내도 딸. 나는 막내딸이라는 사랑스럽고도 취약한 위치로 태어났다.

아비는 기억나지 않는 과거부터, '쭈쭈 많이 컸나 보자'라는 말로 내 유두를 찔러댔다. 내가 집에서 팬티만 입고 다닐 만한 어린아이일 때도 그가 내 젖꼭지를 꼬집었던 기억이 난다. 그에게 막내는 빛 좋은 노리개쯤이었으려나. 그의 '가슴성장점검'은 내가 엄마에게 언질을 남길 만큼의 나이가 되자 슬슬 멈추었다. 물론 나의 거절을 잊었다는 이유로 가슴에 몽우리가 잡히고 나서도 내 가슴은 공공재였다.

그가 내 가슴을 더듬을 그즈음부터 양육자들은 설전을 벌이기 시작했다. 몇 년을 넘어 지속되는 그들의 '싸움'은 멈출 줄 몰랐다. 화분들이 부서지고 거실에는 재떨이가 나뒹굴었다. 깨진 소주병과 망치로 때려 부순 텔레비전, 벽지를 붉게 물들인 김치통, 정확하게 사람을 조준하여 날아오는 부엌칼, 비 오는 날 창밖으로 던져지던 나의 작은 강아지. 나는 아마 그때 그 개와 함께 죽어버리는 편이 나았을지도 모르겠다는 생각을 자주 했다.

112에 전화하려 할 때마다 엄마는 '그래도 아빤데'라는 말로 번번이 전화기를 빼앗아 내려놓았다. 그때는 그 말이 이처럼 사무칠 줄 몰랐다.

가정폭력의 끝은 그가 물건들을 집어던지다 술에 절어 잠들거나, 엄마가 집을 나가거나, 다 죽여버릴 테니 내 집에서 꺼지라는 말을 듣고 모두가 나가거나 아무튼 그가 만족할 때까지 계속되었다.

그때의 나는 늘 뽁뽁이 같은 존재가 되어야만 했다. 물건이 깨지지 않도록 둘둘 감싸는 뽁뽁이처럼, 아비는 온갖 만행을 부리다가 지치면 나를 불러냈고, 나는 유리 조각과 담배 연기가 가득한 그의 거실 잔치에 앉아 맞장구를 쳤다. 그가 더 이상 집 안을 때려 부수지 않도록, 혹은 도망간 엄마를 찾으러 쇠파이프를 들고 나가지 않도록, 방에 숨어 있는 언니 오빠를 불러내지 않도록, 망치나 칼이나 다른 도구들을 들이밀지 않도록 뽁뽁이는 언제나 대의를 위해 가만히 터져야만 했다.

시간이 흐르고, 나는 양육자들의 이혼을 위한 실험으로(내가 기숙학교에서 잘 지내면 둘은 이혼하려 했다는 이야기를 먼 훗날 들었다) 강제로 기숙사가 있는 중학교로 전학을 당했다. 매주 집에 갈 때마다 양육자들은 또 시시한 문제로, '어른들의 사정'으로 폭력을 지속했고 나는 그냥 마음을 내려놓기로 했다.

아니면, 이미 마음이라는 것이 부서지고 찢겨서 더 이상 남아 있지 않았는지도 모른다.

고등학교도 기숙학교에 가게 되었고, 사건이 또 하나 터졌다.

개천절 공휴일에 집에 갔고 그날도 양육자들은 일을 벌였다. 이튿날 나는 마라톤에 나가야 했기에 애써 잠들었는데, 잠에서 깬 것은 그의 손 때문이었다. 짙은 술 냄새를 풍기며 그는 내 옆에 있었다. 손으로 가슴을 주무르더니 그 손은 점점 아래로 내려갔다. 팬티 속으로 들어온 손가락은 내 질을 제멋대로 휘저었다. 다 터져버려 수명을 다한 뽁뽁이가 된 기분이었나?

이윽고 내 위에 올라탄 그는 몹시 무거웠고 나는 숨도 제대로 못 쉰 채 몇 분인지 몇 시간인지도 모를 시간을 흘려보냈다.

결국 잠든 그를 옆으로 조용히 치우고 부엌에 갔다. 찬물을 벌컥벌컥 들이켰다. 나는 울지도 않았다. 그대로 부엌 구석에서 베개도 없이 웅크려 잠을 잤다. 이튿날 그와 마주하고 아침밥을 먹었다. 그리고 마라톤대회에 나갔다.

부리

학교로 돌아갔다.

거의 1년 가까운 시간이 지나고서야 교사에게 입을 열었다. 그들은 끝까지 나와 함께하겠다고 약속했다. 너의 걸음에 맞추어, 모든 단계에서 동의를 구하고 함께 걷겠다고 했다.

몇 달 지나지 않아 그들은 네가 버겁다며 다시 나를 유기했다. 우리는 더 이상 네게 쉼을 줄 수 없다는 사실을 인정하자고, 네가 학교를 떠나는 게 맞는 것 같다고 말하면서.

나는 학교도 집도 없는 신세가 되어 열일곱에 자퇴를 했다.

학교는 많은 일을 벌였다.

그중 하나는 내게 동의를 구하기는커녕 다른 일이라며 거짓말하고 아무것도 준비되지 않은 채 어미에게 사건을 공유한 일이다.

사실을 알게 된 어미가 내게 처음으로 한 말은,

"아빠는 기억이 안 난대."

두 번째로 한 말은,

"그래도 아빤데."

였다.

나를 보고 집으로 '돌아오라'고 했다. 그래도 집인데, 충격을 받았을 테니 '집에서 쉬라고' 했다. 역시 원가족에게 희망 따위는 없다는 걸, 다시 한번 짓밟히며 죽어 없어진 마음이 알아차리며 또 울었다.

나는 멀리 도망치기로 했다. 지긋지긋하게 나를 쫓아오는 원가족으로부터 벗어나기 위해, 혈혈단신 배낭 하나 메고 아무런 연고도 없는 서울로 왔다.

미성년이라는 꼬리표는 나를 어디에도 갈 수 없게 했다. 머리 누일 곳이 없어 찾아간 찜질방에서는 신분증을 내놓으라고 했다. 결국 나는 그 동네에서 가장 허름한, 신분증 따위 요구하지 않는 낡은 고시원에 둥지를 틀었다. 머리 둘 곳 없는 이의 삶은 고달프고 서러웠다. 그 세상의 바닥에는 억울한 이가 모두 모인 듯했고, 나는 같이 소리 죽여 울부짖었다.

미성년의 서울살이는 고달프고 지루했다. 결국 또 다른 많은 사건을 겪고 겪으며 스스로를 보듬고 그저 살아 버텼다.

실어증인 듯 말을 잃고 지내기를 한참, 더 이상 이렇게 살 수 없다는 것을 받아들여야 했다. 나는 이윽고 말하기를 시작했다. 힘으로 버텼던 지난날들을 버리고 용기로 사는 삶을 선택했다. 가슴을 다시 찢으며 토해내는 나의 말은 소리가 되었고 음계가 되었다. 활자로 날아올라 글이 되었고, 바람을 타고 별이 되기도 하며, 민들레 홀씨처럼 꽃을 피우기도 했다.

성폭력 생존자 자조모임에서 말하고 무대에서 말했다. 방송국 카메라 앞에서도, 기자의 녹음기 옆에서도 말했다.

서울에 올라온 뒤로 벌어진 젊은 가해자의 강간 사건을 고소하고, 경찰서에서, 법원에서, 재판장에서 말했다. 벗들에게, 세상에게, 나에게, 경찰에게, 검사에게, 판사에게 말했다. 말하고 또 말했다.

사람들은 같이 울기도 했고 비난하기도 했다. 내 말을 듣고 힘을 얻었다는 사람도, 그저 꽃뱀일 거라 말하는 사람도 있었다(가장 처음 "꽃뱀 같아 보이니 자중하라"고 한 사람은 서울중앙지검의 모 검사였다). 부담스러우니 말하지 말라는 사람도 있었고 나는 네 이야기 따위 궁금하지 않으니 이제 입 다물라는 사람도 있었다.

말하기의 시작은 내가 한 것이지만 이제 그 끝은 내가 마무리 짓지 못하리라는 것을 안다.

그리고

머리 둘 곳 없는 이는 자꾸 또 다른 사건에 휩싸였다. 스스로를 보호할 힘도 없었던 가난하고 나약한 나를 만만해하는 이가 많았나보다.

친족 성폭력 사건을 듣고 눈물 지으며 나를 돕겠다던, 나를 좋아했다던 젊은 남성은 또다시 약(수면제)에 취한 나를 강간하고, 5년이 넘는 시간 동안 같은 곳을 바라보고 함께 울던 중년의 '동지'도 결국은 내게 술을 먹인 뒤 내 위에 올라탔다. 쉽고 쉽은 시간들을 보내고, 버티고…….

세상이 나에게 이래서는 안 되는 것이었다. 한 작은 사람의 삶이 이리도 고통에 겹고 눈물에 적셔지도록 놔두어서는 안 되는 것이었다.

나는 다시 입을 열었다, 세상을 향해. 내 작은 목소리가 억울해 온몸을 목소리로 바꾸며 소리쳤다. 지구대며 성폭력상담소며, 나를 도와줄 수 있는 이들을 찾아 뛰어다니며 울었다. 경찰서에 소장을 접수하고 집에 돌아온 날은 너무 많이 걸어 피딱지가 굳은 발을 보며 또 울었다.

날개

결국 2년 넘게 끌어온 젊은 가해자의 강간 재판에서는 내가 졌다.

내 국선변호사는 가장 중요한 재판을 며칠 앞두고 일방적으로 사임했고, 상대방은 '성폭력(가해) 전문' 변호사를 다섯 명이나 두어 결국 무죄 판결이 났다.

13시간에 이르는 국민참여재판에서 나는 홀로 피해자였다가 고소인이었다가 증인이 되었다. 바뀐 변호사도 바쁘다며 내 재판에 제대로 참여했던 적이 한 번도 없었다.

꽃뱀이니, 자해공갈이니, 가해자를 두려워하지 않는 피해자의 말을 믿을 수 없다느니 하는 말들과 싸우며 나는 지쳤다. 형사재판 항소 기각, 검사의 상고 포기. 민사는 지는 것이 당연한 순서였고 얼마 후에는 가해자의 변호 비용을 갚으라며 내가 한 번도 만져본 적 없는 액수가 적힌 서류를 받았다.

이제는 현실감이 없어진 것인지, 그렇게 절망스럽지도 않고 죽고 싶지도 않았다.

중환자실에 누워 있던 시절이 문득 떠올랐다. 차라리 그곳에서처럼 아무 말도 하지 않으며 옆 침대의 사람들이 죽어 나가는 것을 지켜보고나 있으면 내 처지가 좀 괜찮게 느껴지려나 싶었다.

침대에서 먹고 배변하고 머리를 감을 수도 양치를 할 수도 없는 곳. 24시간 불이 꺼지지 않아 가만히 아미텍스 천장을 올려다보며 갈매기를 세는 것이 유일한 일과인 곳. 허리를 세워 앉을 때에도 허락을 받아야 하는 곳. 가끔 위급 상황을 알리는 내 바이털 사인이 전부인 곳. 그 지독한 단절이 차라리 그리운 순간.

날개가 부러진 작은 새처럼 깊이 웅크려 일어나고 싶지 않다.

매일 밤 열댓 개의 수면제를 먹으며 겨우 잠드는 삶이 애달프다가도 내 옆에 있는 강아지의 얼굴을 본다. 그는 맑고 조금은 걱정스러운 눈빛으로 나와 눈을 마주한다. 30킬로그램의 큰 강아지는 내 품으로 파고들며 언제나 곁에 있겠다고 온몸으로 말한다.

그를 품에 안고 도닥이며 가만히 누워 있자면 가끔은 이상하게, 아주 이상하게도 '그래도 살아 있기를 잘했어' 싶은 순간이 있다.

하늘

세상의 끝이 여기일 거라는 생각을 자주 했다.

아프다는 말을 하면 더 아파지고, 슬프다는 말을 하면 더 슬퍼졌다.

아픔의 끝에는 아픔이 없었고 슬픔의 끝에는 슬픔조차 없었다.

외롭다는 말을 하면 여지없이 하늘과 땅 사이에는 나밖에 남지 않았다.

외로움의 끝에는 외로움마저 죽어 공허한 어둠뿐이었다.

정신과 의사는 내게 많은 진단명을 내놓았다. 적응장애, 우울장애, 수면장애, 외상후 스트레스 장애…….

약을 바꾸고 또 바꾸고, 용량은 끊임없이 늘어나기만 했다. 언젠가 졸피뎀 부작용(수면 행동과 자살 등이 있다)으로 정신없이 수면제 수백 개를 주워 먹고 응급실과 중환자실을 오가며, 이렇게 살다간 내가 먼저 죽을 수도 있겠다고 생각했다.

졸피뎀을 끊으며 다시 쉽게 잠에 들지 못했지만, 다시 그렇게 살고 싶지도 않았다. 그래, 살고 싶지 않은 게 그렇게 살고 싶지 않은 것이구나.

최초의 기억으로 더듬어 올라가 생각해보면 사실은 모두 어른들의 잘못이었다. 아무것도 모르는 어린아이를 꾀어 발기된 자신의 성기를 보게 한 것도, 놀이터 터널에 들어가 내 옷을 벗겼던 것도, 싸움을 가장한 폭력으로 부엌 구석에 숨어 부들부들 떨며 울게 한 것도, 술 냄새를 풍기며 나를 강간한 것도, 나를 좋아한다며 나를 돕겠다던 이도, 동지라는 이름을 내밀며 취한 내게 아무 거리낌 없이 사정을 했던 이도.

더 이상 어른들이 작은 사람의 어깨에 괴로움과 수치심과 죄책감과, 그 망할 놈의 책임을 지워서는 안 되는 일이었다. 어른들이 저지른 잘못은 마땅히 어른이 책임져야 하는 일이건만, 작은 사람에게 던지듯 두고 도망가는 이들이 왜 그리도 많았을까.

나는 더 이상 나의 성폭력 경험을 말하는 것이 어렵지 않다. 한 치의 수치심도, 부끄러움도 없다.

진짜 부끄러워해야 할 사람이 부끄러워할 때까지, 정말로 죄 있는 사람이 응당한 책임을 다할 때까지, 정말 수치스러워해야 할 사람이 치욕에 떨며 고개를 들지 못할 때까지 나의 말하기는 멈추지 않을 것이다.

어둠 가운데를 걷기 위해서는 더 깊은 어둠이 필요하다.

두 눈을 꼭 감고 차분히 1분을 헤아린 다음, 다시 눈을 뜨면 뭔가 조금은 보이지 않을까 하는 겨자씨만 한 희망의 마음을 아직 가지고 있다.

빛 한 점 없는 깊고 구불거리는 끝없는 시간들이 사실은 동굴이 아니라 터널일지 모른다고 아직도 나는 믿고 있다.

이 코너를 지나고 열흘 정도만 더 걸으면 희미하게 보이는 빛을 찾아 출구를 향해 걸을 수 있을 것이다. 그래야만 한다.

바다

세월호 이후로 세상에 나가기 시작했고, 그들보다 한 살 어린 나를 당신들의 잃어버린 자식만큼 사랑해주시는 유가족들을 만났다. 당신들이 먼저 나를 우리 딸, 하고 불러주신 순간 나에게는 수많은 엄마 아빠가 생겼다. 같이 굶고, 같이 걷고, 같이 싸우고 같이 외쳤다. 홀로 서 있는 내 곁을 채워준 건 언제나 당신들이었다. 그들이 있어 내가 살았고, 내가 있어 그들에게 위로가 되었다.

나의 잃어버린 부모와 당신들이 잃은 자녀의 빈 공간을 서로 채우며 마음을 나누고 어깨를 겯었다.

지금의 나는 상상도 하지 못했던 바닷일을 하고 있다. 세월호 이후로 물이란 물은 쳐다보지도 못하던 내가, 두렵던 그날들을 껴안으며 바다에 있다.

'전국 다이버 모집'에 달려가지 못했던 것이 한스러워 다이빙 강사가 되었다. 아직 물을 두려워하는 이들에게 새로운 세상을 소개하며 바다와 더불어 숨 쉬는 방법을 함께 배운다.

언젠가는 바닷가에 사는 상상을 한다. 하늘을 꿈꾸며 바다에 살고, 바다를 꿈꾸며 하늘에 사는 삶을 꿈꾼다.

멀고 깊은 바닷속에서 깊은 숨을 참으며, 고요히 그렇게 죽을 때까지.

* * *

나는 욕심이 많지 않습니다. 큰 꿈도 없습니다.
이제 높은 곳에 오르려는 마음도 내려놓았습니다.
더 낮은 곳에서 그저 바람과 물살에 흔들리며 머무릅니다.

흔들림 가운데 균형을 잡으면 잠시 서 있다가도
바람이 거세어지면 다시 낮게 엎드립니다.

세상의 가장 낮은 곳에서
나는 오늘도 어깨에서 힘을 빼는 연습을 합니다.

찬란燦爛

당신과 나의 오늘은 찬란하지 못했지만
내일은 부디 그러하기를

창가에 드는 아침 햇살이 찬란하고
집 앞 신작로의 나뭇잎이 찬란하기를

자전거를 탄 우유 배달부의 하루도
커다란 구두통을 멘 구두닦이 소년의 하루도
시내 중앙로 빵집 주인장의 하루도
방구석에 틀어박힌 작가의 하루도

빛남에 빛남을 더하여 부디 찬란하기를.

11장

내가 살아남은 이야기

조제

어릴 때, 난 내게 일어나는 일을
도무지 이해할 수 없었다.

그래서 도서관에서 나와 같은 일을 겪는 사람이
나오는 책이 있나 몇 시간이고 찾곤 했다.

어느 날 드디어
한 권을 찾았다.

"오빠가 부모님이 안 계실 때

자꾸 나를 만져서 너무 무서워요."

_ 부산에 사는 중1 소녀

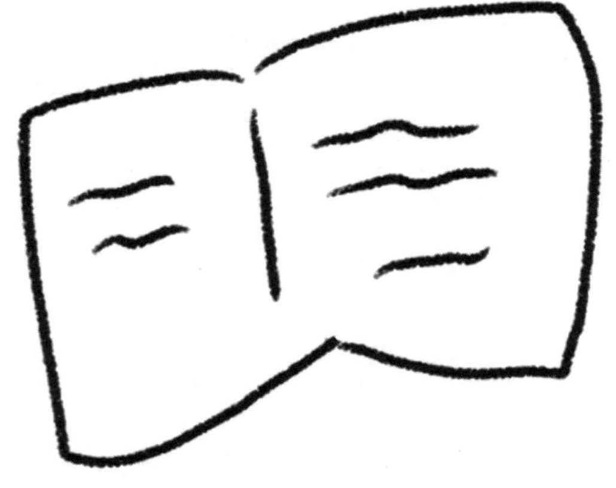

나는 책을 껴안고 주저앉아

들키지 않게 조용히 울었다.

난 혼자가 아니다.

나는 그게 꿈인 줄 알았다.

오빠가 내게 그런 일을 할 리는 없다고 생각했다.

항상 집에 엄마 아빠가 없고

내가 자고 있을 때만 그런 일이 생겨서

더욱 꿈이라고 생각했다.

하지만 어느 날 내가 깨어 있을 때
오빠가 내 앞에서 자기 바지와 팬티를 벗었다.

눈빛이 너무 이상하고 무서웠다.

나는 놀라서 신발도 제대로 신지 못한 채

죽을힘을 다해 도망갔다.

뒤에서 날 쫓아오던 괴물이 소리 질렀다.

뒤도 못 돌아보고 달리던 내 옆으로 세상이 온통
회색으로 변하며 느리게 지나갔다.

지금도 가끔 회색 세상이 나타나곤 한다.

난 오빠가 내게 하는 일을
엄마에게 말할 수가 없었다.

말하는 게 겁나기도 했지만,
나 말고도 엄마를 괴롭게 하는 일은 너무 많았기 때문이다.

하지만 가끔은 너무 힘들어서

나도 모르게 칼로 의자를 긋거나

옷을 가위로 잘랐다.

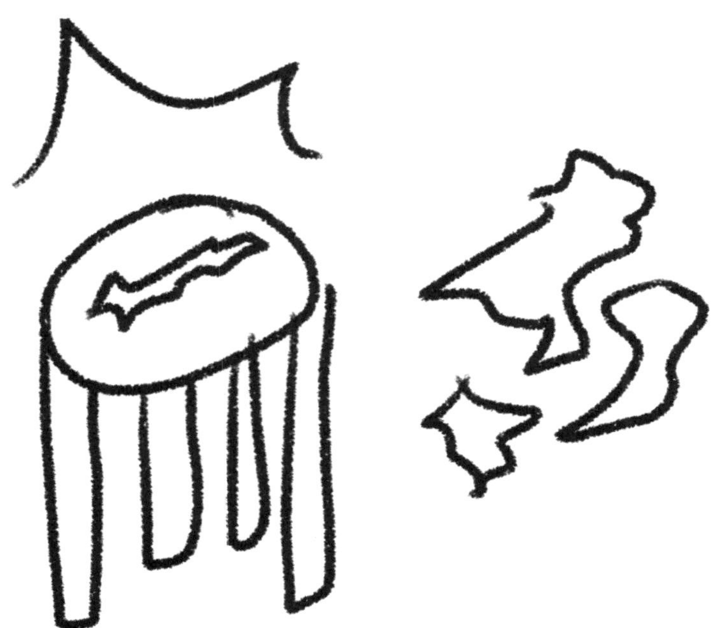

엄마는 그걸 보고 혼내기만 할 뿐
내 구조 신호를 알아차리지 못했다.

그렇게 나는 아홉 살부터 열네 살 때까지
혼자 지옥 속에서 살았다.

스무 살의 그날에도

난 나와 비슷한 사람들을 찾아

도서관을 헤매고 있었다.

소설의 주인공은 부모에게 학대받은 세 아이였다.

특히 여자애인 유키는 아빠에게 성폭력을 겪고 있었다.

이 소설은 그 뒤 오랫동안 날 지켜줬다.

세 아이가 나무 아래에서 서로를 껴안고 했던 말, 그 말이.

지금도 나는 가끔 말한다.

"살아 있어도 괜찮아.
아니 살아갈 거야!"

오빠의 행동은 열네 살에 멈췄지만
후유증은 계속되었다. 오빠가 나오는 끔찍한 악몽과
가위눌림에 시달렸고 항상 불안하고 우울했다.

대학생이 된 나는 간신히 용기를 내서 정신과를 방문해

내가 겪은 일을 처음 말했다.

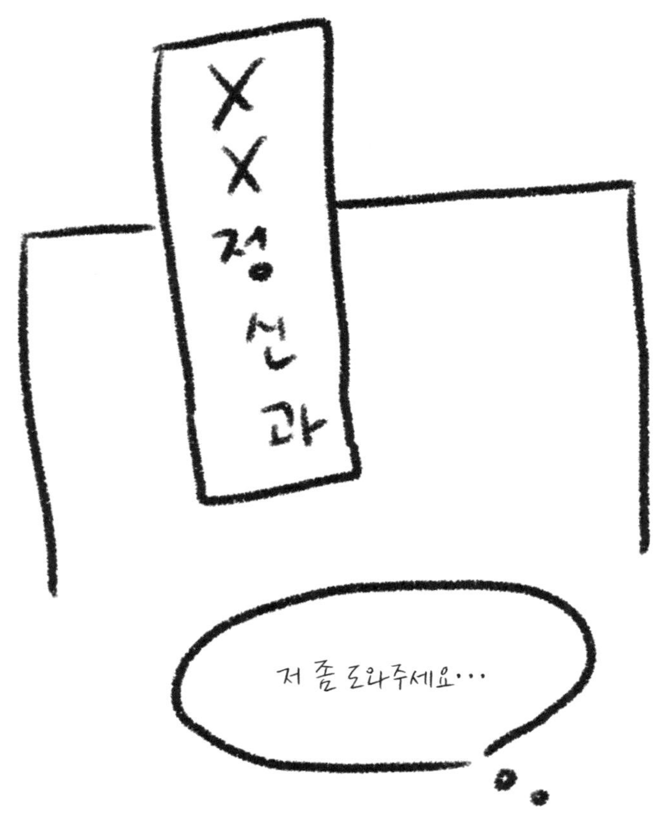

하지만 의사는 내 얘기를

귀담아들어주지 않았다.

마음이 상한 나는 약을 버리고

그 뒤 몇 년간 병원을 찾지 않았다.

나는 그 뒤에도 혼자 견디기 어려워

아주아주 가끔 용기를 내서 말해봤지만

항상 실망하고 슬플 뿐이었다.

열여덟 살 때의 친구

스무 살 때의 첫 애인

스물여섯 살 때의 엄마

나는 이곳에서
처음으로 이해받는 느낌이었다.

친족 성폭력……

그런 일을 겪은 사람은 드물 거라고 생각했는데

그곳에 나와 같은 여성이 참 많았다.

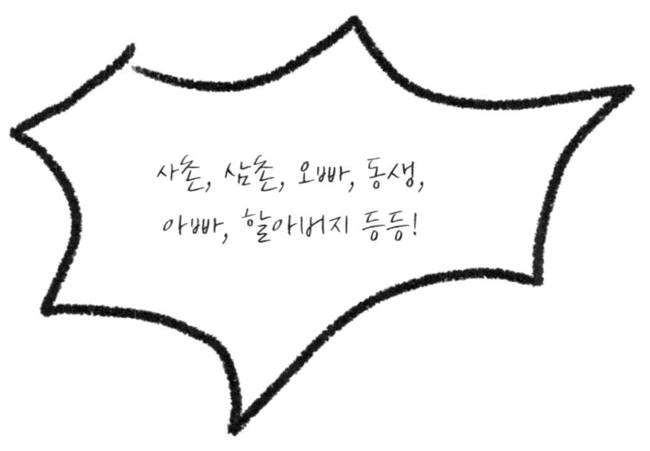

친족 성폭력의

끔찍한 가해자들은 끝이 없었다.

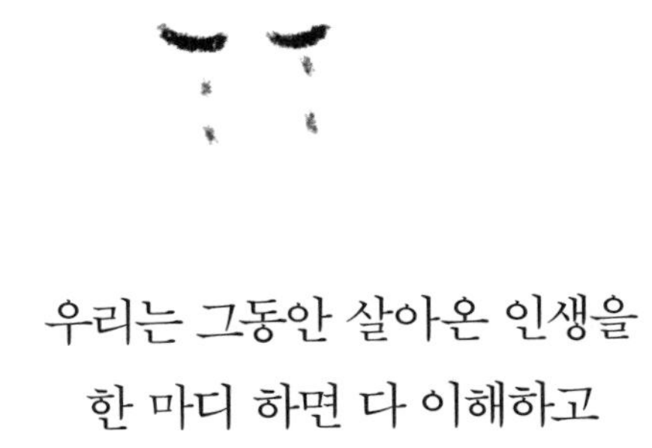

우리는 그동안 살아온 인생을
한 마디 하면 다 이해하고
두 마디 하면 함께 울었다.
당신과 나는 남이 아니었다.

우리는 계속 나와 서로에게 말했다.

치유는
바로 그 말에서 시작되었다.

모임 이후 좀더 힘을 내서 내게 맞는 곳을 찾아

상담과 정신과 치료를 받기 시작했다.

혼자가 아니라는 느낌이 삶의 기둥이 되어주었다.

밥도 챙겨 먹고 잠도 잘 자려고 노력했다.

치유는 천천히 찾아왔다.

마침내 난 오빠에게 전화를 걸어 사과를 요구하기로 했다.

죽을 만큼 겁이 났지만 난 해냈다!

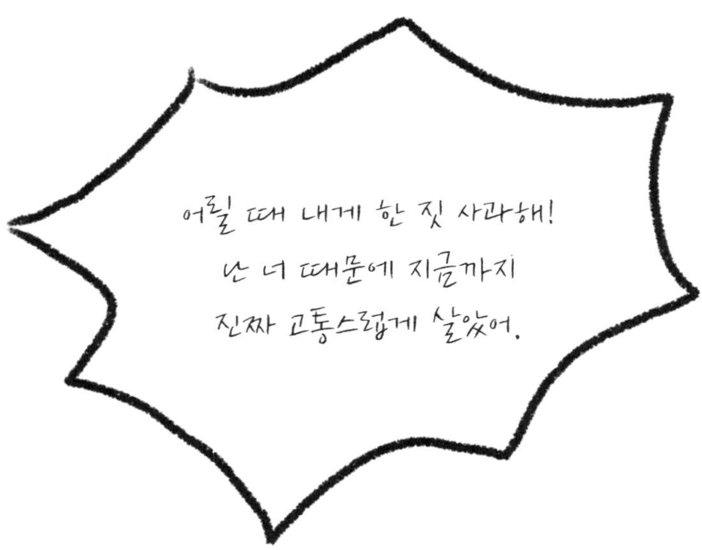

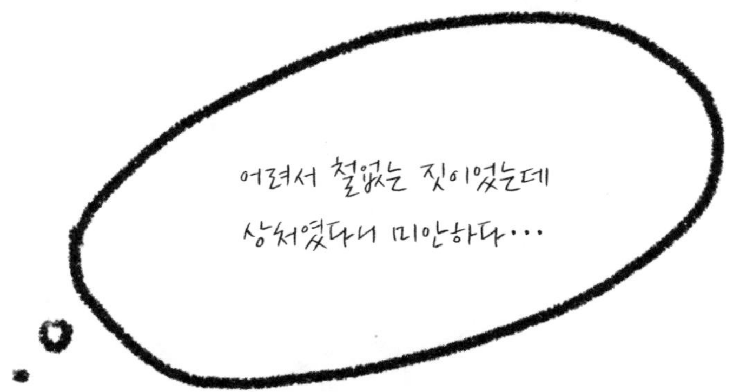

그토록 꿈꾸던 사과를 받았지만

시원하지는 않았다.

사과를 받는다고 내 고통의 시간이

되돌아오는 건 아니니까!

하지만 해냈다는 생각에 뿌듯하긴 했다.

일단 그거면 된 것이다.

나는 해냈다!

사과를 받았다고 해서 화해나 용서를 해야 하는 건 물론 아니다.

지금도 난 가족과는 거의 연을 끊고 살고 있다.

하지만 치료를 꾸준히 해서

이제야 과거에서 나 자신을 구했다는 생각이 들기 시작했다.

몇 년 전만 해도 자살 시도를 하기도 했다.

살고 싶다고 느끼는 순간이

결코 오지 않을 거라 생각했다.

그러나 그러지 않았다.

내가 자신을 어떻게든 포기하지 않고

노력하는 순간순간

내 삶은 나를 향해 다가오고 있었다.

이제 나는 밤에 잘 때 악몽을 거의 꾸지 않는다.

아침에 일어나 하루가 시작된 것에 자주 절망하지 않는다.

때때로 푸른 하늘이 아름답다고 느끼고

가로수에 꽃이 피면 향기를 맡는다.

지금 이 순간 나는 살고 있다.

또 어떻게 변할지 모르겠지만 일단 지금은……

"살아 있길 잘했어!"

사람에 대해 생각한다.

우리는 살아 있어서, 살아 있어서 글을 쓰고 읽는다.

나와 당신과 우리가 여기 살아 있기를 빈다.

사람답게. 사람답게 그렇게.

– 평화

자신 안에 있는 깊은 상처와 마주한다는 것은
스스로 더 나은 삶을 살고자 하는 첫걸음이자
분명 아주 힘든 시간의 시작이 될 것이다.
하지만 비록 험난하고 괴로운 시간을 보내고 있더라도
버티고 끊임없이 노력하다보면
조금 더 나은 내일이 기다리고 있을 거라고 믿는다.

– 최예원

기억은 지금도 계속 제 곁에서 말을 합니다.
너는 아직도 모르고 더 많은 말이 남아 있다고…….
어린 너는 살기 위해 그동안 기억을 잃고 살았지만, 이제는 기억을 다 하고도 살아가라 합니다.
아무래도 내 이야기는 앞으로도 계속될 것이며 끊이지 않을 것 같습니다.
한때는 '성장'이라든가 '단계'가 있다는 말에 화가 났습니다.
지난 세월, 생존만을 위해 살아온 내 삶에 시리게 아파하면서도 한편 경외를 보냅니다.
그리고 '선택'을 했다는 말에도 분노했습니다.
어린아이에게 선택이란 말은 처음부터 없었습니다.
그럼에도 간절히 바라는 것은 일상적으로 겪었던 폭력의 이야기들을 아무런 편견 없이 자연스레 이야기할 수 있는 세상이 어서 오는 것입니다.
내 이야기는 이제 나만의 이야기가 아닌 것을 알기 때문입니다.
나는 생존자 모임에서 푸른나비란 이름으로 처음 내 이야기를 했습니다.
이름처럼 하늘빛을 담은 날개를 펴고 끝이 없는 하늘에서 자유롭게 날고 싶습니다.

또 어느 날, 나를 닮은 모든 친족 생존자들이 넓은 광장에 함께 모이는 꿈을 꿉니다.

그런 마음과 다짐을 담아 글귀처럼 한 줄 한 줄 떠오르는 기억 속에서 썼습니다.
이 글이 말의 씨앗이 되길 바랍니다.
누군가의 가슴에 오롯이 꽃으로 피길 바랍니다.
나 또한 함께 날아오르는 모든 푸른 나비들을 그렇게 오래 기다릴 것입니다.
나는 푸른 나비입니다.
– 푸른나비

많은 분의 이야기를 읽고 아무 말도 할 수 없을 때가 많았습니다. 그 모든 일을 겪고 우리는 여기 살아 있습니다. 그것만이 진실입니다.

– 조제

평소 말을 많이 하지만 진짜 이야기는 하지 않고 살아왔다.
대부분은 속으로 생각만 하고 말았다.
궁금한 것도 혼자 찾아보고 혼자 결론 내리곤 했다.
여기 실린 글쓰기를 통해 최소한 이 내용만큼은 내 머릿속에서 사라지길 바란다.
아마 그럴 수 있을 것 같다.
되새김질하고 싶지 않아 시작한 일이고 처음에 들었던 두려움도 많이 가셨다.
항상 나를 위해 살았고 이 또한 나를 위한 일이다.
– 정인

친족 성폭력 관련 참고 도서 및 다큐

김영서, 『눈물도 빛을 만나면 반짝인다』, 이매진, 2012(2020 개정판)

김준기, 『영화로 만나는 치유의 심리학』, 시그마북스, 2009

너울, 『꽃을 던지고 싶다』, 르네상스, 2013

노유다, 『코끼리 가면』, 움직씨, 2016

베셀 반 데이 콜크, 『몸은 기억한다』, 제효영 옮김, 을유문화사, 2020

앨렌 베스·로라 데이비스, 『아주 특별한 용기』, 이경미 옮김, 동녘, 2012

주디스 루이스 허먼, 『근친 성폭력, 감춰진 진실』, 박은미·김은영 옮김, 삼인, 2010

한국성폭력상담소, 『보통의 경험』, 이매진, 2011
한국성폭력상담소 부설 열림터·김지현·김효진·이미경·이소은·정정희, 『우리들의 삶은 동사다』, 이매진, 2014
A작가, 『나는 짧은 치마를 입지 않았다』, 스카이나무, 2016
AJS, 『27-10』, 위즈덤하우스, 2019
아오리, 「잔인한 나의, 홈」(다큐), 2013

성폭력 위기 상황 시 도움 되는 곳

여성긴급전화 1366

디지털성범죄피해자지원센터 02-735-8994

한국성폭력상담소 02-338-5801

한국사이버성폭력대응센터 02-817-7959

한국여성민우회 02-335-1858

한국여성의전화 02-2263-6465

대한법률구조공단 132

죽고 싶지만 살고 싶어서

친족 성폭력 생존자들의 기록

1판 1쇄 2021년 9월 3일
1판 2쇄 2021년 10월 5일

지은이 장화 불가살이 김민지 정인 희망 최예원 엘브로떼 명아 푸른나비 평화 조제
펴낸이 강성민
편집장 이은혜
편집 곽우정
마케팅 정민호 김도윤 방선영
홍보 김희숙 함유지 김현지 이소정 이미희 박지원

펴낸곳 (주)글항아리 | 출판등록 2009년 1월 19일 제406-2009-000002호

주소 10881 경기도 파주시 회동길 210
전자우편 bookpot@hanmail.net
전화번호 031-955-2696(마케팅) 031-955-1936(편집부)
팩스 031-955-2557

ISBN 978-89-6735-941-6 03330

잘못된 책은 구입하신 서점에서 교환해드립니다.
기타 교환 문의 031-955-2661, 3580

www.geulhangari.com